中國學術思想 研究輯刊

八 編

林 慶 彰 主編

第 8 冊

商鞅反人文觀研究

黃 紹 梅 著

花木蘭文化出版社

國家圖書館出版品預行編目資料

商鞅反人文觀研究／黃紹梅 著 — 初版 — 台北縣永和市：花
木蘭文化出版社，2010〔民 99〕

序 2+ 目 2+162 面：19×26 公分

（中國學術思想研究輯刊 八編：第 8 冊）

ISBN：978-986-254-192-0（精裝）

1.（周）商鞅　2.學術思想　3.哲學

121.62　　　　　　　　　　　　　　　　　99002364

ISBN - 978-986-2541-92-0

中國學術思想研究輯刊
八 編　第 八 冊　　　　　ISBN：978-986-254-192-0

商鞅反人文觀研究

作　　者　黃紹梅
主　　編　林慶彰
總 編 輯　杜潔祥
出　　版　花木蘭文化出版社
發 行 所　花木蘭文化出版社
發 行 人　高小娟
聯絡地址　台北縣永和市中正路五九五號七樓之三
　　　　　電話：02-2923-1455／傳眞：02-2923-1452
網　　址　http://www.huamulan.tw 信箱 sut81518@ms59.hinet.net
印　　刷　普羅文化出版廣告事業
封面設計　劉開工作室
初　　版　2010 年 3 月
定　　價　八編 35 冊（精裝）新台幣 58,000 元　　版權所有‧請勿翻印

商鞅反人文觀研究

黃紹梅　著

作者簡介

黃紹梅，廣東省大埔縣人。東吳大學中國文學碩士、博士，現為國立臺灣師範大學國際與僑教學院華語文學科專任副教授。主要著作《商鞅反人文觀研究》（碩士論文）《韓非尊君學說與兩漢政經形勢》（博士論文）〈漢代邊防政策中的耕戰思想〉〈王充《論衡》評論漢代社會問題的得與失——以「無鬼論」反映的社會意涵為例〉……等。

提　　要

　　本論文以《商鞅反人文觀研究》為題，「人文」思想是對人性、人倫、人道、人格、人之文化及其歷史的存在價值加以肯定和尊重。商鞅的學說與事功有反人性、人倫、人道、人格、文化及歷史等現象，否定了人的主體性。本文即就商鞅的反人文觀作一有系統的探討，以彰顯人文思想的內涵。全文分為五章論述：

　　第一章緒論：首先提出研究商鞅反人文觀的必要性，其次考證其人其書。呈現前人考證成果，並歸納《商君書》資料取捨運用的原則。

　　第二章論述商鞅反人文觀形成的背景。就外在環境的影響而言，是就戰國時代導向，以及商鞅所處的衛秦二國現況說明。就內在思想的形成而言，是分析管仲、子產、李悝、吳起等法家人物的思想與商鞅學說的關係，以及商鞅人格特質的內緣因素。

　　第三章論述商鞅反人文觀的理論基礎。從商鞅學說的歷史觀、人性觀、法治觀、國家觀以及名實觀等部分，探討其發展成反人文的理論建構。

　　第四章論述商鞅反人文觀的實踐。是就法治、經濟、軍事、教育等範疇分析。法治方面以重刑和重賞制度的探討為主，經濟方面以獎農功和抑商賈等法令為探討重點，軍事以尚首功制度的論述為主，教育以對知識學問的偏廢實況分析。

　　第五章結論：就商鞅反人文的理論體系和政治實踐措施二部分的研究，歸納出商鞅反人文雖是以歷史觀、人性觀、法治觀、國家觀以及名實觀等理論構成，實則這五大理論有輕重之別，並以人性觀為其癥結所在。

目

次

序　言

　　在中國歷史的脈流裏，每當興亡治亂之際，往往有無數知識分子挺身而起。尤其是春秋戰國之世，雖爲我國歷史上最混亂的時期，然因諸子交相輝映，相對的也就形成我國思想史上的黃金時代。其中見重於世者，有儒、墨、道、法四家。就終極關懷而言，多不爲個人的苦悶，而是放眼天下，替眾生設想。因此立說常不流於虛幻的海市蜃樓，或乾枯的概念陳述，而是振衰起弊提示人生哲理或實際策略。

　　然而，個人雖對先秦學術有所好，但因體驗不深，難有契會。倘若無良師受業解惑，實無以窺其精微。幸而入研究所後，從劉文起老師研習先秦學術。老師傾囊教授，見解精闢，且多有畫龍點睛之妙，使我時有茅塞頓開之悟。此外，又間而提示治學爲人道理，啓發既良多，思想理路亦得以開朗。而後，承老師不辭蒙曲，指導論文。於撰寫期間，不論在題目的擬定、章節的審度、資料的提供、觀念的掌握，或是內容的批閱，都予我最穩健的指導，所以幸能如期完成。師恩浩浩，永銘在心！其次，感謝林秋郎同學，在討論過程中提供許多寶貴的建議，使我深刻感受到同窗之誼的可貴。唯學植有限，在資料的蒐集整理、理念的貫串、結構的安排、義理的論述上仍多疏失。尚請前輩學者不吝斧正。

民國八十一年五月黃紹梅謹識於東吳中研所

第一章 緒 論

第一節 研究商鞅反人文觀的必要性試解

英國歷史學家湯恩比曾謂世界現存文化有五大系統，即東方正教文明、西方基督教文明、回教文明、印度文明與中國文明〔註1〕。以上五大文明，除中國文化之外，其餘無不以宗教爲核心。至於中國文化，則是以人文爲主〔註2〕。然而，本文以商鞅的反人文觀爲研究對象，由於「反人文」與「人文」是不能相容的存在。在人文爲眞，反人文爲妄的事實下，本文的撰寫是否具有必要性，實應作一交待。

在論述之前，先就「人文」一名詞稍作分析，使有清楚概念。「人文」一詞的來歷，或許有人以爲是從西方翻譯過來的，其實不然。我國《易經·賁卦·彖辭》裡，已有「人文」一詞的出現，其言曰：

> 賁，亨，柔來而文剛，故亨。分剛上而文柔，故小利而攸往，天文也；文明以止，人文也。觀乎天文，以察時變。觀乎人文，以化成天下。

此外，中國人把天、地、人稱爲「三才」，「三才」一詞也是出自《易經》。《易經·繫辭下》稱天道、人道、地道爲三才，人道就是人文精神的重點〔註3〕。

〔註1〕詳見亞諾·湯恩比著，余哲雄、蔡美鈴譯《歷史的研究》。

〔註2〕高明於〈中國的人文精神〉一文中曾言：「中國人不同於外國人，並不是在形體上的差別，而是在精神上的孕育不同，……中國文化與西方不同，中國所擁有的就是人文精神。」（收錄於《師院文萃》第八卷）。

〔註3〕參見錢穆，〈中國的人文精神〉一文，收錄於《新天地》第六卷第三期。

因此，由追流溯源中，足見我國講人文實際上是很早的事情。

至於現在講我國的人文精神，往往與西方的人文主義產生混淆，或誤以為全似。實則二者有異，唐君毅先生於〈人文文義之名義〉一文中已提及，以下即就其意說明。

從字源上比較，西方的 Humanism 譯為人文主義，其中 Human 字面上並無文化的意義。至於中國的人文，涵義豐富。可使人聯想到文字、文章、文制、文教、文運、文思、文命、文明、文華、文化等。而 Humanism 一字，則無法作如是想像，足見 Humanism 雖譯為「人文」主義，但中國人文思想則不宜譯作 Humanism。

從學術文化上的地位比較，人文主義雖促進西方社會、政治、經濟制度上的改革。但在學術思想中，並非一主流。譬如在宗教思想與一般自然科學思想中，很難講人文主義。而且在哲學中，一些近乎人文思想的西方哲學家，多自稱為理想主義者或唯心論者等，似嫌「人的」、「人性的」形容詞，主觀色彩太重，所以 Humanism 尚未形成一主流。

由唐先生之言，可知西方雖有重人的觀念，但其與中國人文思想的義蘊、範圍仍有著深淺廣狹的差別。

至於我國人文思想的內涵，由前人對「觀乎人文，以化成天下」的解說，可窺得一二。如孔穎達《周易正義》曰：

> 言聖人觀察人文，則詩書禮樂之謂，當法此教而化成天下也。

呂溫於〈人文化成論〉一文亦有闡釋，其言曰：

> 易曰：「觀乎人文，以化成天下」。能諷其言，蓋有之矣，未有明其義者也。嘗試論之：夫一二相生，大鈞造物，百化交錯，六氣節宣，或陰闔而陽開，或天經而地紀，有聖作則，實為人文。若乃夫以剛克，妻以柔立，父慈而教，子孝而箴，此室家之文也。君以仁使臣，臣以義事君，予達汝弼，獻可替否，此則朝廷之文也。三公論道，六卿分職，九流異趣，百揆同歸，此則官司之文也。寬則人慢，糾之以猛；猛則人殘，施之以寬。寬以濟猛，猛以濟寬，此刑政之文也。樂勝則流，過之以禮；禮勝則離，和之以樂，與時消息，因俗變通，此教化之文也。文者蓋言錯綜庶績，藻繪人情，如成文焉，以致其理。然則人文化成之義，其在茲乎！（《呂衡州集》，卷十）

顯然人文的範圍廣袤，或言詩書禮樂，或包括室家、朝廷、官司、刑政、教化之文。並且基本上此思想皆發自人，其對象亦以人爲範疇，表現於外者，則充分流露對「惟人萬物之靈」（《尚書·泰誓上篇》）的尊重。

　　爲進一步闡述人文思想的義蘊，唐君毅先生於《中國人文精神之發展》一書中，曾提出「非人文」、「超人文」、「次人文」、「反人文」的概念，藉由對照的方式，以突顯人文思想的涵義。據唐先生所示，所謂「非人文思想」，指對人以外所經驗對象，或所理解對象，如人以外的自然、抽象的形數關係等的思想。所謂「超人文的思想」，指對人以上的，一般經驗理解所不及的超越存在，如天道、神靈、仙佛、上帝、天使的思想。所謂「次人文的思想」，指對於人性、人倫、人道、人格、人的文化與文化的歷史之存在與其價值，未能全幅加以肯定尊重，或忽略其存在價值的思想。所謂「反人文的思想」，指對人性、人倫、人道、人格及人之文化歷史的存在與價值，不僅加以忽略，而且加以抹殺曲解，使人同化於人以外、人以下之自然生物、礦物的思想。

　　由是可知，所謂「人文思想」，是指對於人性、人倫、人道、人格、人之文化及其歷史之存在與其價值，願意全幅加以肯定尊重，不有意忽略或抹殺曲解的思想。本文據以論述商鞅反人文觀的立場即以此爲主。但其說稍嫌籠統。由於商鞅學說、事功中反人性、人倫、人道、人格、文化、歷史等現象，主要係由斥禮立法衍生而來，故本文「反人文」的定義，基本上是就商鞅反禮樂，易言之，即否定人之主體性立論。至於上述有關人文思想的基本信念，似乎爲儒家共許之義。因此，有以儒家觀點立論的現象。實則，根據學者的研究成果，已肯定我國的人文思想是經由孔子的融會創新，才奠定深厚基礎。〔註4〕

　　學者多就《論語》記載孔子的言論闡釋。由「志於道、據於德、依於仁、游於藝」（〈述而篇〉）、「興於詩、立於禮、成於樂」（〈泰作篇〉）的君子，至「入則孝，出則弟」（〈學而篇〉）的子弟，再到「己欲立而立人，已欲達而達人」（〈雍也篇〉）、「汎愛眾而親仁」（〈學而篇〉）的仁者。層層說明其所建立的人文體系。學者論述已詳，今不擬重申。以下則試就孔子對人文的傳承，

〔註 4〕可參見徐復觀，《中國人性論史》第四章。杜師松柏〈人本思想的內涵及其價值〉（收錄於《國魂》三九六期）。林繼平，〈孔子奠定中國人文思想之基礎〉（收錄於《國魂》三六七期）。

即對六經的整理，說明其具有放諸四海而皆準的普遍性。

我們知道六經並非孔子的創作，究其本源，應是孔子前二千餘年以來，由人與人的互動關係中所產生的文化結晶。因此，蔣伯潛先生於《十三經概論》緒論中曾言曰：

> 孔子不僅為儒家之始祖，實開十家九流之先河；而其六經，則古代道術之總匯，非儒家所得而私之也。自來目錄學者，不列六經於諸子儒家，而特闢部門以著錄之，蓋以此耳。

據此，我們考察《漢書·藝文志》於〈諸子略〉儒家前列有〈六藝略〉，不列六經於諸子儒家，可知班固早已知六經非儒家私有。直至孔子昌明經義，六經遂為儒家典籍。從此處便可窺得儒家思想是歷史文化的匯流。因此，若以為本文是以儒家觀點立論亦可成立。而且此觀點絕非自樹壁壘，而是出自「同類意識」的持平之論。

至於本文以商鞅反人文為思索對象，可說是近代學者研究成果的補充或修正。近代學人研究商鞅學說的情形，大抵多能注重法治上的成效。對反人文的現象。只限於概括性的陳述，甚而有為商鞅自圓其說者。例如：梁啓超先生主編《中國六大政治家》一書，列商君為第二編，由麥夢華先生撰之，即是肯定其政績。但對商鞅闕於德義處，則認為是牽於時勢。又陳啓天先生《商鞅評傳》一書，純然言其實效，在政治歷史、政治思想、政治人物上，給予極高的評價，而視評騭商鞅毀棄禮義之論為儒家偏見。

倘若回歸歷史中，商鞅思想的產生確有時代性，章炳麟於《訄書·商鞅第三十五》多有論及。有關重刑方面，其言曰：

> 刑七百人，蓋所以止刑也，俄而家給人足，道不拾遺矣。……世徒見鞅初政之酷烈，而不考其後之成效，若鞅之為人，終日持鼎鑊以宰割其民者，豈不繆哉！

在斥議政方面，其言曰：

> 今綴學者不能持其故，而以抑民恣君，蔽罪於商鞅，烏虖！其遠於事情哉！且亦未論鞅之世矣。夫民有權者，必其辯慧之士可與議令者也。今秦自三良之死，後嗣無法，民無所則效。至鞅之世，而冥頑固以甚矣。後百餘歲，荀子猶曰：秦無儒。此其惷愚無知之效也。以惷愚無知之民起而議政令，則不足以廣益，而祇以殽亂是非，非禁之將何道哉。（同上書）

其重刑、斥議政，確能權救一時，故章先生多婉辭贊美。而且，假若他只是「馬上得之」，而非「馬上治之」，也不致流於反人文。然而，商鞅有斥傳統道德的理念，此點章炳麟則不諱言的說：

> 吾所爲瀺鞅者，則在於毀孝弟敗天性而已。有知其毒之酋，腊而制之，其勿害一也。（同上書）

陳澧《東塾讀書記》，卷十二亦言：

> 嗚呼！禮樂詩書仁義不必論矣。若孝悌，則自有人類以來，未有不以爲美者，而商鞅以爲蝨，以爲必亡必削，非梟獍而爲此言哉！親親尊尊之恩絕矣，車裂不足蔽其辜。

可見商鞅將道德、政治斷然分開。換言之，也就是注重政治實效而殘害人文涵養。這種治標不治本的方法，終將其營建的價值化爲烏有。誠如蘇軾所言：

> 商君之法，使民務本力農，勇於公戰，怯於私鬥，食足兵強，以成帝業。然其民見刑而不見德，知利而不知義，卒以此亡。（《古今人物論》，第五卷）

這正是值得我們深思遠慮的地方。

因此，本論文就商鞅的反人文觀，作一有系統探討，實已隱含對其偏執之學說與曇花一現之事功的反省。此觀點可用曾鞏於《戰國策·序》記載的一段對話說明，其言曰：

> 或曰：「邪說之害正也，宜放而絕之。此書之不泯，其可乎？」對曰：「君子之禁邪說也，固將明其說于天下，使當世之人皆知其說之不可從，然後以禁則齊；使後世之人皆知其說之不可爲，然後以戒則明；豈必滅其籍哉？放而絕之，莫善於是。是以孟子之書，有爲神農之言者，有爲墨子之言者，皆著而非之，至此書之作，則上繼春秋，下至楚漢之起，二百四十五年之間，載其行事，固不可得而確也。」

曾鞏表示凡邪說雖不可信從，但不宜摒棄、根絕，應將其公布於世，使人知之，以收勸戒之效。《孟子》書中亦記載農家、墨家言論並加以批評，即此道理。本文亦本此態度，希冀達到「以銅爲鑑，可正衣冠；以古爲鑑，可知興替；以人爲鑑，可知得失。」的目的。故全文雖以商鞅的反人文觀爲重心，實則，亦是對人文思想義蘊的掌握與彰顯。而此宗旨，也正是考探商鞅反人

文觀的原因與動機所在。

第二節　商鞅的生平

　　戰國初期，局勢紛擾更甚春秋世變。王船山於《讀通鑑論·卷末·敘論四》曰：「戰國者，古今一大變革之會也。侯王分土，各自爲政，而皆以放恣漁獵之情，聽耕戰刑名殃民之說，與尚書孔子之言背道而馳。」張蔭麟先生並將春秋歷史比作平川上的舟楫，默運潛移，而戰國歷史則宛如奔騰湍瀨上順流的舟楫，揚帆張駛〔註5〕。戰國劇變之繁，鮮明可辨。至於春秋戰國風氣迥異處，顧亭林先生於《日知錄》卷十三〈周末風俗〉曾有扼要陳述〔註6〕。由其意推知，春秋尚存文武之道，戰國則封建制度根本瓦解，不宗周室，各國轉相攻伐，棄禮義捐道德而不顧。徵諸史料文獻，如《史記·六國年表·序》、《戰國策·序》等已記載了社會失序現象〔註7〕。諸如三家分晉、田氏篡齊等史實，在在說明了君臣名分、國家綱紀、王室尊嚴已蕩然無存。

　　戰國政治的變亂紛乘已不待言，然而，學術思想卻因之而大作。蓋學術思想與社會秩序具因果循環關係。當春秋戰國競於攘奪之際，故諸子迭起。《漢書·藝文志·諸子略》曾記載此現象，其言曰：

> 諸子十家，其可觀者，九家而已。皆起於王道既微，諸侯力政，時君世主，好惡殊方，是以九家之說，蠭出並作，各引一端，崇其所善，以此馳說，取合諸侯。

可知諸子興起受時代刺激。而此現象普遍來自憂患世間的情懷。最早在《易

〔註 5〕　參見張蔭麟，《中國上古史綱》，頁 122。

〔註 6〕　顧亭林《日知錄》，卷十三〈周末風俗〉曰：「春秋時，猶尊禮重信，而七國則絕不言禮與信矣。春秋時，猶宗周王，而七國則絕不言王矣。春秋，猶嚴祭祀，重聘享，而七國則無其事矣。春秋時，猶論宗姓氏族，而七國則無一言及之矣。春秋時，猶宴會賦詩，而七國則不聞矣。春秋時，猶有赴告策書，而七國則無有矣。邦無定交，士無定主。此皆變於一百三十三年之間，史之闕文，而後人可以意推者也。不待始皇之并天下，而文武之道盡矣。」

〔註 7〕　《史記·六國年表·序》曰：「陪臣執政，大夫世祿，六卿擅晉權，征伐會盟，威重於諸侯。及田常殺簡公而相齊國，諸侯晏然弗討，海內爭於戰功矣。三國終之卒分晉，田和亦滅齊而有之，六國之盛自此始。務在彊兵并敵，謀詐用而從橫短長之說起，矯稱蠭出，誓盟不信，雖置質剖符，猶不能約束也。」

　　劉向《戰國策·序》曰：「仲尼既沒之後，田氏取齊，六卿分晉，道德大廢，上下失序。……」

經・繫辭下》已有言曰：

> 易之興也，其於中古乎？作易者，其有憂患乎？

「若無憂患，何思何慮」（《周易正義》），故有思有慮即起自對現世憂患的觀照。此亦類似《孟子・盡心上篇》所言的：「人之有德慧術知者，恆存乎疢疾。」政治的不穩定，堪稱爲戰國時代的疢疾。於是術知遂生，諸子百家之徒，無不各逞主觀智謀，以利時君，或冀以匡世。因此，時代變化愈大，思想愈活躍。所以當此處士橫議，各肆其長以干公卿之際，商鞅亦順此潮流，適時問世，產生因應時代的思想，而其思想亦影響時代。有關商鞅的生平，以下就身世、生卒時間、入秦始末、志業同道、車裂等犖犖大者論述，並列其年表，以明其事略梗概。

一、身世介紹

商鞅，衛人，姓公孫氏，名鞅。後人以其原出於衛，稱衛鞅。又以其曾封於商，稱商鞅或商君。《史記・商君列傳》謂：

> 商君者，衛之諸庶孽公子也。名鞅，姓公孫氏，其祖本姬姓也。

太史公載鞅爲衛之庶孽公子，王念孫於《讀書雜志・史記雜志》考證庶孽公子應作庶孽子，公字乃後人所加。庶孽子即庶公子，可斷言商鞅爲貴族。

鞅之祖國衛，乃周武王少弟康叔的封國，位今河南衛輝縣（《史記・衛康叔世家》）。由康叔上推至周始祖棄，「號曰后稷，別姓姬姓」（《史記・周本紀》），鞅爲衛的庶公子，故其祖本姬姓。又《史記・周本紀》謂棄母乃有邰氏女姜原，姜原即帝嚳元妃。並據〈五帝本紀〉帝嚳高辛即黃帝曾孫。是以康叔爲軒轅黃帝之後，據此遂推知商鞅的煊赫身世。〔註8〕

至於，高誘注《戰國策・秦策一》謂商鞅爲衛公子叔痤之子。此說朱師轍先生於《商君書解詁・附錄》，卷二曾加以駁斥，所持論據，是高誘注《呂氏春秋・長見篇》：

> 魏公叔痤疾，惠王往問之，曰公叔之病甚矣，將奈社稷何？公叔對
> 曰：臣之御庶子鞅，願王以國聽之也，爲不能聽，勿使出境。

將此「御庶子」解作官爵名，足見注說矛盾。因此，其說前後不一，實不可無疑。

今若將《戰國策・魏策一》的「御庶子」比之《史記・商君列傳》，則相

〔註8〕王次宗在〈商鞅思想研究〉中已提出此說法。收錄於《台中商專學報》第一期。

當於本傳所謂的「中庶子」。司馬貞《索隱》指出:「中庶子」於《周禮·夏官》稱「諸子」,《禮記·文王世子》稱「庶子」,為掌公族的官名。蔣伯潛先生進而言「中庶子」似為「舍人」之類,猶藺相如為謬賢的舍人,李斯為呂不韋的舍人〔註9〕。因此,「御庶子」即「中庶子」,指商鞅官職的性質。而其為沒落的貴胄,已不言而喻。

二、生卒時間

商鞅生年,史書未載,近人根據商鞅經歷推測,約生於西元前 390 年。然諸說微有差異,姑錄之於下:

(一) 鞅生年與孟子同時

1. 錢穆先生《先秦諸子繫年·商鞅考》云:「今姑定商君入秦年三十,則其生年應與孟子相先後,其壽殆過五十,而未及六十也。」
2. 陳啟天先生《中國法學概論》第四章推測鞅「約與孟子生年同時,而在魏武侯初年。」

(二) 鞅長孟子十五至二十歲

陳啟天先生《商鞅評傳》第一章又論鞅之生卒年云:「孟子生於民國紀元前 2283 年,而商鞅於民國紀元前 2281～2273 年中已在魏作官,此時他雖年少,但至少約長孟子十五至二十歲。魏若干年,在秦二十四年,自生至卒,大約共五十歲上下,即約自民國紀元前 2302～2249 年。」

一、二說皆涉及孟子生年,然孟子生卒史傳未載,遂多異論。第一說中,錢穆、陳啟天主孟子生於西元前 390 年。考錢穆《先秦諸子繫年·通表》附諸子生卒年世約數載孟軻生於西元前 390 年。陳啟天以孟子生當魏武侯初年,亦約當西元前 390 年。

然據王基倫先生考證,孟子生於周烈王四年,卒於赧王二十六年(西元前 372～289 年),最合孟氏譜,王先生並指出:孟子生於此時(西元前 372～289 年),距孔子約有百年。因近人皆主張孔子生於周靈王二十一年,卒於敬王四十一年(西元前 551～479 年)。孟子的生年去孔子的卒年,凡百有七年,與《孟子·盡心篇》末章曰:「由孔子而來,至於今百有餘歲。」吻合〔註10〕。是以第一說以孟子生於西元前 390 年,並藉以推算鞅生年,實不足

〔註9〕 參見蔣伯潛,《諸子通考》,頁 215。
〔註10〕 參見王基倫,〈孟子散文研究〉,收錄於《師大國文研究所集刊》第二十九號。

令人信服。

第二說陳啓天先生見解較前精進，雖仍以商鞅生年與孟子比對，因主孟子生於西元前 372 年，並參酌商鞅事跡推算，較合情理。由於史不明書，姑採此說。

總上說商鞅生於西元前 390 年左右，約長孟子十五至二十歲。據《史記·六國年表》所載，鞅卒於周顯王三十一年，即秦孝公二十四年，西元前 338 年，享年五十餘歲。

三、入秦始末

商鞅事魏相公叔痤，以「年雖少，有奇才」深獲公叔痤賞識。據《史記·商君列傳》記載公叔痤深知商鞅賢能，適公叔痤病危，魏君問國計，因而藉機推薦，以謀社稷之利。然惠王無用意，公叔痤遂請惠王殺之，但其後復令鞅速亡〔註11〕。王元之於是批評公叔痤所爲曰：

> 嗚呼！凡爲社稷之臣，計安危之事者，在任賢去不肖而已。且鞅果賢也，可固請用之，果不肖也，可固請殺之。用則爲國之寶，殺則去國之蠹，烏有始請用，中請殺，而終使逃者？得爲忠乎？且先君後臣之說，非無稽之言乎？司馬子長修史記，至是而不言痤非，豈史筆之有私邪！將史才之未至邪！僕恐後之爲人臣計國事者，復履其迹，因論以明之。（《歷代名賢確論》，卷三十一）

其斥公叔痤先君後臣爲無稽之言。但就公叔痤立場而論，實有難處。蓋始請用、中請殺、終使逃者，初爲公叔痤奮然愛國無二慮，而後篤於家臣情誼，遂慨然令鞅疾去。其身顧國家、朋友安危，非循己私，實不應強爲責難。

而且，根據《史記·商君列傳》，魏惠王並沒有殺害商鞅的打算。究其原委，並非惜才，而是認爲商鞅無足輕重。至於商鞅早已洞悉魏王心意，因此臨危不去。其才智與膽識確屬少有。

〔註11〕《史記·商君列傳》記載此段原文如下：「鞅事魏相公叔痤爲中庶子。公叔痤知其賢，未及進。會痤病，魏惠王親往問病，曰：『公叔病有如不可諱，將奈社稷何？』公叔曰：『痤之中庶子公孫鞅，年雖少，有奇才，願王舉國而聽之。』王嘿然。王且去，痤屏人言曰：『王即不聽用鞅，必殺之，勿令出境。』王許諾而去。公叔痤召鞅謝曰：『今者王問可以爲相者，我言若，王色不許我。我方先君後臣，因謂王即弗用鞅，當殺之，王許我。汝可疾去矣，且見禽。』鞅曰：『彼王不能用君之言任我，又安能用君之言殺我乎？』卒不去。惠王既去，而謂左右曰：『公叔病甚，悲乎！欲令寡人以國聽公孫鞅也，豈不悖乎！』」

商鞅既不受魏王重用，適秦孝公招賢強秦，據《史記・秦本紀》記載，孝公以尊官分土的優渥條件納才〔註12〕。而商鞅因不得進用於魏，遂順此機緣入秦。至於魏惠王未能知人善任，失輔弼人才，是自壞長城。魏霸業的不能持久，已可窺見。因此，梁任公批評曰：「魏相公孫痤疾革，勸惠王舉國以聽衛鞅，否則殺之，惠王以爲老悖，既不能用鞅，而縱之入秦……此魏之失計！」（《國史研究六篇・戰國載記》）頗爲中肯。

四、志業同道

（一）秦孝公

商鞅以異國客卿，能立秦帝國一統根基，實有得於知遇之恩助。根據賈誼《過秦論》記載孝公有「席卷天下，包舉宇內，囊括四海之意」，而商鞅佐之，立法度、務耕織、修守戰，故能「外連衡而鬥諸侯」。可知孝公、商鞅二人合作無間。至於商鞅入秦，依《史記・秦本紀》所載，是在秦孝公元年，時爲魏惠王十年。而後孝公重用之，大肆改革，史稱商鞅變法。商鞅所以能佐命定策，統籌大勢，實得之於秦孝公的任才。所以秦國稱霸，孝公的用才最爲關鍵。

然而洪邁《容齋隨筆》，卷二曰：

> 七國虎爭天下，莫不招致四方游士，然六國所用相，皆其宗族及國
> 人，如齊之田忌、田嬰、田文；韓之公仲、公叔；趙之奉陽、平原
> 君；魏王至以太子爲相，獨秦不然，其始與之謀國以開霸業者，魏
> 之公孫鞅也；其他若樓緩趙人；張儀、魏冉、范雎皆魏人；蔡澤燕
> 人；呂不韋韓人；李斯楚人，皆委國而聽之不疑，卒之所以兼天下
> 者，諸人之力也。

其說雖是，然能下令國中，出奇計強秦則裂土尊官者，唯孝公具此胸襟。能力排眾議，獨召賓客，授之以政而任其變法創制者，亦唯孝公具此氣度。是以謂秦的強霸全賴賓客，雖爲確論，然爲秦開強霸之途徑者爲秦孝公，亦是

〔註12〕《史記・秦本紀》記載孝公求賢令的內容爲：「昔我穆公，自歧、雍之間，修德行武，東平晉亂，以河爲界，西霸戎翟，廣地千里，天子致伯，諸侯畢賀，爲後世開業，甚光美。會往者厲、躁、簡公、出子之不寧，國家內憂，未遑外事。三晉攻奪我先君河西地，諸侯卑秦，醜莫大焉。獻公即位，鎮撫邊境，徙治櫟陽，且欲東伐，復穆公之故地，修穆公之政令。寡人思念先君之意，常痛於心。賓客群臣，有能出奇計彊秦者，吾且尊官與之分土。」

不爭的事實〔註13〕。因此，商鞅無志業同道，實不能變法圖強。

有關孝公、商鞅二人急欲強國的心態，可由《史記‧商君列傳》記載商鞅為孝公所用的始末中探討〔註14〕。其言商鞅四見孝公，先說以帝道、王道、霸道，未被採納，而後以「彊國之術」說孝公，孝公「不自知膝之前於席也，語數日不厭。」

據此，可知孝公急欲立功當世，故對帝道、王道、霸道無動於衷，唯聞彊國之術大悅，顯然他恥威望不申於諸侯。至於商鞅不惜藉嬖臣景監往見孝公，又四見孝公，態度積極，其急欲以才自薦，建立事功，亦昭然若揭。

然而，部分學者因商鞅曾言「然亦難以比德於殷周」一語，以為商鞅用彊國之術非本意。錢穆先生於《先秦諸子繫年‧商鞅考》並據此指出商鞅曾受儒者之業。欲辨商鞅是否有意行儒業，唯有先審視其四見孝公的言行，方足以了解。

就商鞅四次游說孝公的內容分析，若他有意行儒業，則應堅持理想，甚至如同孔孟般，用之則行，舍之則藏。然而，商鞅四見孝公的主張皆有出入，明顯有牽就現實，投合孝公的心理〔註15〕。故前人對其「帝王之道」多有質疑。例如司馬遷於《史記‧商君列傳》中說：

> 跡其欲干孝公以帝王術，挾持浮說，非其質矣。

太史公認為商鞅於帝王之道並非真知，尤非其意所欲為，徒為浮詞議說罷了。此外，蘇轍《古史‧商君列傳》論商鞅變法令曰：

> 解牛之技，恥於屠狗，禦人之盜，恥於穿窬。衛鞅有帝王之術而肯

〔註13〕參見鄭良樹，《戰國策集證》，頁 175～176。

〔註14〕《史記‧商君列傳》記載商鞅為孝公所用的始末如下：「孝公既見衛鞅，語事良久，孝公時睡弗聽。罷而孝公怒景監曰：『子之客妄人耳，安足用邪！』景監以讓衛鞅，衛鞅曰：『吾說公以帝道，其志不開悟矣。』後五日，復求見鞅，鞅復見孝公，益愈而未中旨。罷而孝公復讓景監，景監亦讓鞅。鞅曰：『吾說公以王道，而未入也，請復見鞅。』鞅復見孝公，孝公善之，而未用也。罷而去，孝公謂景盛曰：『汝客善，可與語矣。』鞅曰：『吾說公以霸道，其意欲用之矣，誠復見我，我知之矣。』衛鞅復見孝公，公與語，不自知膝之前於席也。語數日不厭。景監曰：『子何以中吾君，吾君之驩甚也。』鞅告景監曰：『吾說君以帝王之道比三代，而君曰久遠，吾不能待。且賢君者，各及其身顯名天下，安能邑邑待數十百年以成帝王乎？故吾以強國之術說君，君大說之耳，然亦難以比德於殷周矣。』」

〔註15〕唐端正於〈商鞅的強國之術〉一文，已提出此說。收錄於《先秦諸子論叢續編》。

以強國之事說孝公乎？蓋鞅之志本於強國而已。恐孝公之不能用，是此極言其上，以要之耳。

嚴萬里《商君書新校正‧序》亦言曰：

向使鞅能堅持其帝王之道，將不見用；用而其效或不如任法之速，而秦久安長治矣。然而，鞅安知所謂帝王之道也？僞也！彼不過假迂緩悠謬之說，姑嘗試之，而因以申其任法之說。

考探前人之言，已說明商鞅言帝王之道，一則乃藉以試探孝公心意；再則，爲突顯用霸之速效，而申其任法之說。

而且，商鞅不欲行儒業的心態，從他仕秦後的言論亦可得到證實。《商君書‧更法篇》說：「前世不同教，何古之法？帝王不相復，何禮之循？」〈徠民篇〉說：「古有堯舜，當時而見稱；中世有湯武，在位而民服。此四王者，萬世之所稱以爲聖王者也。然其道猶不能取用於後。」〈去彊篇〉並言：「國用詩書禮樂孝弟善修治者，敵至必削國，不至必貧國。」凡此皆是不肯蹈襲虞夏舊治，不願循用文武遺教的言論。

因此，若謂商鞅曾習儒者之業，尚可。若以爲商鞅欲行儒者之道，則不可。至於「難以比德殷周」一語的內涵，蔣禮鴻先生於《商君書錐指》的敘文中，嘗加以分析〔註16〕，歸納其要旨有二：

一是所謂「難以比德殷周」的「殷」指嚴罰。殷有罰，《尙書》、《荀子》、《韓非子》、《禮記》皆有記載。所以比殷道，殆刑欲極其峻。

二是「周」指尙力。因湯武逆取天下，故比周道，是法其力征兼併。

蔣先生立論洞察深微，就鞅行事力闡「難以比德殷周」寓嚴刑峻法與行

〔註16〕 蔣禮鴻於《商君書錐指》敘文中言：「若夫殷、周難比，語或有之，而非商君主行王道之謂也。古之立說欲以易天下者，術必有所因，而說輒有所借，荀卿子所謂持之有故是也。商君者，蓋嘗學殷道，而變本加厲，以嚴罰壹其民者也。書稱殷罰有倫，罰蔽殷彝；荀卿子刑名從商。刑罰之起雖自遠古，要其有倫有彝，則始殷時。李斯上二世書，劉向說苑並云商君之法刑棄灰於道者，而韓非書以此爲殷法。非說爲後人所不信，然觀禮表記稱殷人先罰而後賞，其民之弊，蕩而不靜，勝而無恥，則殷罰固重，韓非之說不盡爲誣，而商君之嚴刑當即濫觴於殷法也。商君之說，唯在尙力，爲其無所託而不見尊信，則楬湯、武以爲號。故曰：『民愚則知可以王，世知則力可以王。湯武致彊而征，諸侯服其力也。』〈開塞篇〉『今世巧而民淫，方倣湯、武之時。』〈算地篇〉賞刑篇又極道湯、武，固以爲不如是則不足動人聽也。所云難以比德殷、周，特恐刑不極其峻，不足以壹民，兵不極其強，不足以兼并，初非欲施仁恩教化，以儒者之所謂也。或者乃據此以謂商君與儒同道，蓋亦左矣。」

武尙力的深意：最爲通透。因此，行窮兵黷武，刻薄寡恩的彊國術，以期速
致事功，乃商鞅一貫宗旨。

　　根據上述立論，可知孝公、商鞅二人，觀念一致，目標相同。所以孝公
力闢眾說，採商鞅變法主張，彼此信任而成就秦霸業。

（二）尸　佼

　　商鞅得以順遂完成其志業，除上獲主權者的信從外，其次，則受尸佼的
輔佐。至於尸佼與商鞅的關係，歷來約有二說：

1. 據班固《漢書・藝文志・雜家》與劉咸炘《子疏》記載，商鞅乃尸佼
　之徒。〔註17〕
2. 據王應麟《漢書藝文志考證》記載，尸佼乃商鞅上客。〔註18〕

　　尸佼或謂商鞅師，或謂商鞅上客，由於年代久遠，已難考證。但這並不
妨害尸佼輔佐商鞅的事實。我們可由商鞅被刑，尸佼不能見容而逃亡入蜀的
行徑，證明二人具有難絕之誼。因此「鞅謀事劃計，立法理民，未嘗不與佼
規。」已爲前輩首肯〔註19〕。此外，亦可從《尸子》思想與商鞅共通處求證。
惜其書已佚，不能探其內容。但根據劉向〈荀子敘〉云：

　　楚有尸子、長盧子、芋子，皆著書，然非先王之法也，皆不循孔氏
　　之術。

民國蕭公權先生亦云：

　　先秦尊君任法術之思想至李、尸、慎諸子殆已約略具體。然嚴格之
　　法治思想必俟商鞅而後成立。（《中國政治思想史》第七章）

可知商鞅尊君任法，曾受尸佼佐助與影響，應非無稽之論。〔註20〕

〔註17〕班固《漢書・藝文志・雜家》於《尸子》項下自注曰：「名佼，魯人，秦相商
　　　　君師之。鞅死，佼逃入蜀。」
　　　　劉咸炘《子疏》曰：「尸佼者，雜家也。兼治王霸之術，鞅受其學，故以帝王
　　　　說秦。」
〔註18〕王應麟《漢書藝文志考證》，卷七曰：「劉向別錄，楚有尸子，疑謂其在蜀。
　　　　今按尸子書，晉人也，名佼，秦相衛鞅客也。衛鞅商君謀事畫計，立法理民，
　　　　未嘗不與佼規也。商君被刑，佼恐并誅，乃亡逃入蜀。造二十篇書，凡六萬
　　　　餘言。……」
〔註19〕除了王應麟之外，劉向《別錄》亦有此說。見《史記・孟子荀卿列傳》《集解》
　　　　引。
〔註20〕今所見輯本《尸子》多有祖述仲尼，憲章堯舜之辭。據孫次舟，〈論尸子的眞
　　　　僞〉一文，曾考證今見輯本《尸子》，實非尸佼之舊。收錄於《古史辨》第六
　　　　冊，頁101～112。

五、車裂原委

商鞅既見用，遂於孝公三年（西元前 359 年）卒定變法。據《史記·商君列傳》記載，其變法內容如次：

1. 令民為什伍，而相牧司連坐。不告姦者，腰斬。告姦者，與斬敵首同賞。匿姦者，與降敵同罰。

2. 民有二男以上不分異者，倍其賦。

3. 大小僇力耕織，致粟帛多者，復其身，事末利及怠而貧者，舉以為收孥。

4. 有軍功者各以率受上爵。為私鬥者各以輕重被刑，宗室非有軍功，論不得為屬籍。明尊卑爵秩等級，各以差次，名田宅臣妾衣服以家次。
   有功者顯榮，無功者雖富無所芬華。

又於孝公十二年（西元前 350 年）第二次變法。內容據《史記·商君列傳》所載如後：

1. 令民父子兄弟同室內息者為禁。

2. 集小都鄉邑聚為縣，置令丞，凡三十一縣。

3. 為田開阡陌封疆，而賦稅平。

4. 平斗桶、權衡、丈尺。

以上是就商鞅對內變法彊國而言，在對外關係上，則致力擴張領土。據《史記·商君列傳》記載，孝公二十二年（西元前 340 年），商鞅伐魏，以詐術虜魏公子卬，大敗魏軍，得河西之地。由於功不可泯，封於商十五邑，號為商君。

由此可知，商鞅於秦，勵精圖治，功勳政績實不需費辭。然而，商鞅卻常有殺身之慮。《史記·商君列傳》記載他出門的裝備曰：

> 後車十數，從車載甲。多力而駢脅者為驂乘，持矛而操闟戟者，旁車而趨。

而且，趙良又告戒商鞅曰：

> 君之危若朝露……秦王一旦捐賓客而不立朝，秦國之所以收君者，豈其微哉？亡可翹足而待。（《史記·商君列傳》）

果然，商鞅於孝公卒後，死於非命，車裂以徇。至於商鞅車裂原委，徵諸史料文獻，論述頗有出入。綜觀各家說法，商鞅身亡，不外乎謀反、法峻、仇讎、權重等因由。茲分論如下：

1.據《史記·商君列傳》記載，商鞅因謀反而車裂。〔註21〕

此說尹桐陽《諸子論略》，卷三曾加以駁斥，其要旨有二端：

一是據《戰國策·秦策一》記載商鞅行事爲人是公平無私，辭禪不受。尤其後者可比巢許的情操。因此，謂商鞅謀反，難令人信服。

二是據蔡澤之言，稱商鞅立威諸侯，遂以車裂，並未言及謀反。

除此二因外，若將商鞅的辭禪不受，與戰國陪臣執國命的內亂更迭相比，其精神倍感可貴。所以，商鞅豈眞謀反，仍待斟酌，不可遽作定論。

2.據《韓非子·和氏篇》、《韓詩外傳》、《淮南子·繆稱篇》記載，商鞅因法峻而車裂。〔註22〕

此說主商鞅因法峻而車裂身亡。唯商鞅法峻，恐仍非車裂主因。此由《史記·商君列傳》稱其法行十年，鄉邑大治，秦民大悅的現象可窺知。故其初政酷烈，不恤民意，雖導致怨聲載道，但其後成效頗著。因此，商鞅身死車裂，庶人不憫，或有可能。但若以法峻爲致死主因，則可能性不大。

3.據《戰國策·秦策一》記載，商鞅因仇讎與權重而車裂。〔註23〕

析其言，指涉深沈，可歸納爲三點敘述於下：

一是小人惡意中傷。此乃商鞅平素與貴族邁怨所致。觀其變法謂「宗室非有軍功，論不得爲屬籍。」換言之，雖爲皇親國戚，若無軍功，亦無所芬華。端由此點，已可想見其與貴族蓄恨必多。

二是惠王是非殽亂，聽信讒言。此需上溯孝公時，商鞅法及太子，黥劓其傅一事。由於惠王與商鞅之間，已有嫌隙，所以輕易聽信讒言，商鞅遂被車裂。

〔註21〕《史記·商君列傳》記載曰：「秦孝公卒，太子立，公子虔之徒告商君欲反，發吏捕商君……秦惠王車裂商君以徇。曰：『莫如商鞅反者』，遂滅商君之家。」

〔註22〕《韓非子·和氏篇》曰：「枝解吳起，而車裂商君者，何也？大臣苦法，而細民惡治也。」
《韓詩外傳》，卷一曰：「水濁則魚喁，令苛則民亂，城削則崩，岸削則陂，故吳起削刑而車裂，商鞅峻法而支解。」
《淮南子·繆稱篇》曰：「水濁者魚噞，令苛者民亂，城峭者必崩，岸崝者必陀，故商鞅立法而支解，吳起刻削而車裂……。」

〔註23〕《戰國策·秦策一》曰：「孝公已死，惠王代後，蒞政有頃，商君告歸。人說惠王曰：『大臣太重者國危，左右太親者身危。今秦婦人嬰兒，皆言商君之法，莫言大王之法，是商君反爲主，大王更爲臣也。且夫商君，固大王仇讎也，願大王圖之。』商君歸還，惠王車裂之，而秦人不憐。」

　　三是商鞅威望過重。由於商鞅用法嚴刑，人民只知有「商君之法，莫言大王之法」。惠王有臣主名存實易之虞。

　　總上所論，《戰國策》言商鞅車裂主因係權重與尋仇，最為切要。

　　倘合觀《戰國策・秦策一》與《史記・商君列傳》所載，商鞅車裂緣由殆可作如下說明：其始於宗室貴族的仇儺，導於自身的威望權重，終以謀反罪名被誅。誠所謂欲加之罪，何患無辭。

六、商鞅年表

舊史紀年	西元前	政　　　情	商　君　事　略
魏文侯 十三年～三十八年	412～387	魏文侯圖治，用李悝盡地力，吳起為將，守西河。	
魏武侯 元年～十六年	386～371	吳起由魏奔楚，秦出子被殺，獻公立。	
魏惠王 元年～九年	370～361	魏初稱王，公叔痤相魏，敗於秦太子。	鞅事公叔痤為中庶子，痤病以鞅年少有奇才，薦於惠王，惠王不用。
秦孝公　　元年	361	秦孝公下令求賢。	鞅聞令入秦，因景監見孝公。
二年	360	周天子致胙於秦。	鞅說孝公以帝王之道，不能用。
三年	359	秦下令變法。	鞅說孝公變法，從之。
四年	358	秦民以新法不便，太子犯法，刑太子師傅。	
五年	357		鞅為左庶長。
六年	356	魯衛宋鄭之君朝魏。	
七年	355	秦孝公與魏惠王會杜平，侵宋黃池，宋復取之。	
八年	354	秦與魏戰元里，敗魏斬首七千取少梁。	
九年	353	齊用孫濱策，攻魏以救趙，敗魏於桂陵。	
十年	352	秦兵圍魏安邑，鞅為將，安邑降之。	鞅為大良造。
十一年	351	申不害為韓昭侯相。	鞅將兵圍固陽，降之。
十二年	350	秦徙都咸陽。	鞅第二次變法。
十三年	349	秦初為縣，有秩吏。	陳啓天考鞅初為相。
十四年	348	韓昭侯如秦。	

十五年	347		蔣伯潛考鞅初爲相。
十六年	346	魏自貶號爲侯。	
十七年	345		
十八年	344	秦孝公會諸侯於京師。	
十九年	343	周天子致伯於秦。	
二十年	342	諸侯畢賀，會諸侯於澤，朝周天子。	
二十一年	341	齊敗魏，虜太子申，殺將軍龐涓。	
二十二年	340	秦敗魏，虜太子卬，魏獻河西之地，遷都大梁。	鞅勸孝公伐魏，虜太子卬歸，封大良造商鞅號商君
二十三年	339	楚威王立。	
二十四年	338	孝公卒，惠文王立。	宗室誣告鞅反，商君被車裂徇。

本表乃參考陳啓天先生《商鞅評傳》所列，並查核《史記·秦本紀》、〈商君列傳〉、〈六國表〉而成。

第三節　《商君書》考證與資料的取捨運用

　　商鞅論著《商君書》，爲法家要籍，據《韓非子·五蠹篇》：「今境內之民皆言治，藏商、管之法者家有之。」據此推測，不難想見《商君書》於秦皇統一六國前盛極一時的概況。但先秦古籍經秦燔書，已遭浩劫，復歷楚、漢之爭，項羽入關，燒秦宮室，先人微言，蕩爲灰燼〔註24〕。漢興，大收篇籍，先秦古籍雖經劉向、劉歆父子整理，唯其間缺脫、雜亂、重複、僞託處，仍不可免。《商君書》自不例外。

　　職是之故，首先產生書的眞僞問題。是書史志多有著錄，屬名商鞅自撰。宋黃震雖頗疑之，唯乏證據論斷。直至民國，疑者日眾，如胡適、黃雲眉、錢穆、熊公哲、郭沫若、羅根澤等學者，甚而斷言全書爲僞。論者多方引證，但多就數篇疑點直指全書爲僞，持今日「一書作於一人」的觀點〔註25〕，不免有執偏概全之嫌，殊難令人信服。而劉咸炘則不視全書爲僞，認爲《商君

〔註24〕劉大櫆〈焚書辯〉指出：六經之亡，非秦亡，而是漢亡。因李斯焚書，但博士所藏具在，未曾燒。至項羽入關，殺秦王子嬰，燒秦宮室，古先聖人的微言始蕩爲灰燼。見柳詒徵《中國文化史》上冊，頁388～389。
〔註25〕見鄭良樹《商鞅及其學派》，頁9。

書》縱有僞作，其間亦有綴輯商鞅奏議、法令、著述、言論部分。陳啓天起而踵之，持全書眞僞相雜的見解，分析研究。高亨、鄭良樹承繼之，後出轉精，立論嚴謹，近年來已得學術界公認。

復次，是書流傳，名稱有變異，篇目有亡佚。尤其洎乎西漢，商君之說備受壓抑，朱師轍曾考其因由曰：

> ……徒以子長譏其刻薄寡恩，更生詆其無信，遂屏其學，輒而弗治，其學不顯，此一因也。兩漢以降，人主叚崇儒之名，行專利之實，治理固遵法度，誅賞率由好惡。蕩決藩籬。弁髦憲典矣。而鞅之言曰，有道之國，治不聽君，民不從官，蓋其立法之旨，實君民同納於軌物，上下胥以法律爲衡，非獨官吏弗能行其私，人主弗能肆其志。是以專恣桀君，驕奢裔胄，豐祿貴卿，貪殘蠹吏，莫不疾法律如寇讎，而痛詆鞅學。才知之士，思爲世用，遂亦莫取昌言治其學，其學不顯，此又一因也。（《商君書解詁定本·自序》）

據此，是書流傳代淹，散佚錯亂，在所難免，是又必詳其亡佚。遂不揣簡陋，整理前輩考證成果，說明《商君書》沿革與眞僞。以爲論文資料取捨的依據。

一、《商君書》釋名

（一）《商君書》名稱的沿革

《商君書》於戰國時已有傳本，《韓非子·五蠹篇》曰：「今境內之民皆言治，藏商管之法者家有之，而國愈貧，言耕者眾，執耒者寡也。」韓非所謂「商管之法」，即指商鞅、管仲的著作而言。而且韓非於《內儲說上》引公孫鞅之言〔註26〕，由此可知他曾見商鞅著作。雖然商鞅或許未立意著書，但其法令言論，後人必曾加以編輯，而成是書。詹秀惠先生並據《韓非子·南面篇》有「說在商君之內外」一語，疑此「商君」已爲書名。

此外，《史記·商君列傳》曰：

> 余嘗讀商君開塞耕戰書，與其人行事相類。

據此，太史公撰《史記》之前確定已有商鞅著作。呂思勉《經子解題》以爲司馬遷所謂開塞耕戰書，是統稱商君全書，故疑「太史公時，商君書有此名」。

〔註26〕《韓非子·內儲說上》：「公孫鞅曰。行刑重其輕者，輕者不至，重者不來，是謂以刑去刑。」

然而，《四庫全書總目提要》則言：「史記稱讀鞅開塞書，在今爲第七篇，文義甚明。」因此，司馬遷修《史記》嘗讀是書，書名爲何，已不可詳知。

目前可看到《商君書》原名的最早可靠資料，是《漢書·藝文志·諸子略》法家著錄的「商君二十九篇」。《漢書》只稱《商君》，無「書」字。蜀漢時，始稱《商君書》。如《三國志·蜀書·先主傳》裴松之註曰：

> 諸葛亮集先王遺詔，敕後主曰：「……可讀漢書、禮記，閒暇歷觀諸
> 子及六韜、商君書，益人意知。」

至隋唐時，仍稱《商君書》。如《隋書·經籍志·子部》法家類著錄「商君書五卷」，唐司馬貞註《史記·商君列傳》「開塞、耕戰」稱《商君書》。但唐魏徵於《群書治要》，卷三十六稱《商君書》爲《商君子》，《商子》之名即由此轉稱。於是五代時，後晉劉昫《舊唐書·經籍志下·丙部》法家類即載「商子五卷」。〔註27〕

宋代多用《商子》之名。如宋歐陽修《新唐書·藝文志·丙部子部》法家類著錄「商君書五卷」，自注云：「商鞅，或作商子」。宋王堯臣《崇文總目》法家類著錄「商子五卷，商鞅撰。」宋晁公武《郡齋讀書志》、陳振孫《直齋書錄解題》皆作《商子》。唯宋鄭樵《通志·藝文略·諸子類》法家著錄「商君書五卷」。

元托托《宋史·藝文志·子類》法家亦稱《商子》，明宋濂《諸子辨》、清《四庫全書》皆稱《商子》。

至嚴萬里校正《商子》始復稱《商君書》。嚴氏校本總目後案語曰：

> 隋唐志及唐代注釋家徵引並作商君書，不曰商子，今復其舊稱。

自此，《商君書》之名再度通行，注釋家多採用是名。如朱師轍《商君書解詁》、王時潤《商君書斠詮》、簡書《商君書箋正》、陳啓天《商君書校釋》，多稱作《商君書》。

（二）《商君書》篇目的存佚

《商君書》篇數至宋代有亡佚。宋之前，《漢書·藝文志》載「商君二十九篇」不分卷數，《隋書·經籍志》載「商君書五卷」不分篇數，故篇數不可考。至宋代，鄭樵《通志·藝文略·諸子類》法家記載：

> 商君書五卷。自注：秦相衛鞅撰，漢有二十九篇，今亡三篇。

〔註27〕《四庫全書總目提要》稱《商子》名自《隋志》始，實誤也。

晁公武《郡齋讀書志‧法家類》記載：

> 商子五卷。自注：右秦公孫鞅撰。……鞅封於商，故以名其書。本二十九篇，今亡者三篇……。

王應麟《漢書藝文志考證》記載：

> 商君書五卷，館閣書目。今是書具存，共二十六篇，三篇亡。

由此可知，《商君書》至宋代已亡佚三篇，僅存二十六篇。然而，宋陳振孫《直齋書錄解題‧法家類》記載：

> 商子五卷。自注：秦相衛公孫鞅撰，或稱商君者，其封邑也。漢志二十九篇，今二十八篇，又亡其一。

據此，則陳氏所見為二十八篇，與前數家不同。此現象《四庫全書總目提要》曾加以說明，其文曰：

> 讀書志成於紹興二十一年，既已闕三篇。書錄解題成於宋末，乃反較晁本多二篇。蓋兩家所錄，各據所見之本，故多寡不同歟？

但詹秀惠先生考證則指出：

> 四庫提要引述陳振孫語，與今本直齋書錄解題所云不同，提要稱「今二十八篇，已亡其一」，而今本書錄解題稱「今二十六篇，又亡其一」。若依據提要，則陳氏所見為二十八篇，較鄭樵、晁公武所見二十六篇亡三篇者多二篇；若依今本直齋書錄解題，則陳氏所見本與鄭氏、晁氏同為二十六篇，不同者為鄭、晁二氏所見二十六篇為全本，而陳氏所見本已缺其一，得二十五篇，正與宋濂所藏二十六篇亡其第二十一，實得二十五篇者同。（〈釋商君書並論其真偽〉）

所以，《四庫全書總目提要》錄陳氏語是否正確，不得無疑。

至元代又比宋代晁公武本短少兩篇。清嚴萬里《商君書‧總目》云：

> 又其篇帙，漢志二十九篇，讀書志今亡者三篇。書錄解題今二十八篇，又亡其一，是宋本二十六、二十七篇。全得元鑴本，始更法、止定分，為篇二十六，中間亡篇二：第十六、第二十一，實二十四篇，與今所行范欽本正同。後又得秦四麟本，頗能是正謬誤，是為善本，其篇次亦同。因以知宋無鑴本，或有之而流傳不廣，故元時已有所亡失也。舊本缺總目，范本有，今遂錄為一篇，冠諸卷首云。

嚴萬里所云范本，即指明代四明范欽天一閣藏本，其有總目，轉引如下：

第一卷　更法第一　　　墾令第二　　　農戰第三　　去彊第四

第二卷　說民第五　　　算地第六　　　開塞第七

第三卷　壹言第八　　　錯法第九　　　戰法第十　　立法第十一

　　　　兵守第十二　　　靳令第十三　　修權第十四

第四卷　徠民第十五　　　刑約第十六（篇亡）

　　　　賞刑第十七　　　畫策第十八

第五卷　境內第十九　　　弱民第二十　　　□□第二十一（篇亡）

　　　　外內第二十二　　君臣第二十三　　禁使第二十四

　　　　慎法第二十五　　定分第二十六

自〈更法〉至〈定分〉凡二十六篇，然其中第十六〈刑約〉，但存目無文，第二十一篇則全佚，實僅存二十四篇。

《四庫全書》所據之本，與范欽本、嚴校本篇數相同，所缺二篇亦同。《四庫全書總目提要》云：

> ……此本自更法至定分，目凡二十有六，似即晁氏之本。然其中第十六篇、第二十一篇，又皆有錄無書，則併非宋之舊矣。

由此可知，自元至今，篇數未再亡失。

至於唐魏徵《群書治要》節錄《商君書》數篇，於〈修權篇〉前節錄〈六法篇〉，為今存二十四篇所無，註釋家將其附錄於〈定分篇〉之後。

（三）《商君書》與《公孫鞅》二書的問題

商鞅著作據《漢書‧藝文志》所記有二：一是〈諸子略〉法家「商君二十九篇」，一是〈兵書略〉兵權謀類「公孫鞅二十七篇」。二書的編校者不同，因班固《漢書‧藝文志‧序》曰：

> 漢興，改秦之敗，大收篇籍，廣開獻書之路。迄孝武世，書缺簡脫，禮壞樂崩。……於是建藏書之策，置寫書之官，下及諸子傳說，皆充祕府。至成帝時，以書頗散亡，使謁者陳農求遺書於天下。詔光祿大夫劉向校經傳諸子詩賦，步兵校尉任宏校兵書……。

由此可知，〈諸子略〉法家《商君》為劉向所編校，〈兵書略〉兵權謀類《公孫鞅》為任宏所編校。

今《商君書》尚存二十四篇，而《公孫鞅》已全佚。王時潤《商君書斠詮》以為二者為一書之互見，僅篇目多寡微有不同。然顧實《漢書藝文志講疏》主法家《商君書》與兵權謀家《公孫鞅》二者不同。陳啓天、詹秀惠、

王志成從之〔註28〕。其中詹秀惠之說尤為精進，歸納其要旨有二端，敘述於下：

一是商鞅精通法治及兵術，《韓非子》與《荀子》曾稱及〔註29〕。因此，其生前必有推行法治並論述兵術的言論與著作。劉向採與法治關係密切者編為一書，而任宏採與兵術關係密切者編為一書。

二是商鞅平日為政，首在教民農戰。故言法治者或涉及兵術，言兵術者或涉及法治，是以劉向、任宏所集二書，當互有同異。然並非一書互見，而實為二書。

由於《公孫鞅》一書已佚，未能略作比較。因此，依上述學者推斷，以《商君書》、《公孫鞅》為二書最合常理。

《商君書》名稱沿革、篇卷數目，以及與《公孫鞅》一書的關係已如前述，以下則列表說明，以便參核。

時代	資　料　來　源		《商君書》名稱	卷數	篇數	備　　　　註
戰國	《韓非子》〈五蠹〉、〈內儲說上〉、〈南面〉		不　詳			
漢	《史記‧商君列傳》		不　詳			太史公曰：余嘗讀商君開塞耕戰書。
	《漢書‧藝文志》	法　家	商　君		29	《商君》與《公孫鞅》非同一書。
		兵權家	公孫鞅		27	已佚
三國	《三國志‧蜀書註》		商君書			
唐	《隋書‧經籍志》 《史記索隱》 《群書治要》		商君書 商君書 商君子	五		
五代	《舊唐書‧經籍志》		商　子	五		
宋	《新唐書‧藝文志》		商君書或商子	五		
	《崇文總目》		商　子	五		
	《通志‧藝文略》		商君書	五	26	
	《郡齋讀書志》		商　子	五	26	

〔註28〕陳啟天說法見《商鞅評傳》，頁109。詹秀惠之說見於詹著〈釋商君書並論其真偽〉一文，收錄於《淡江學報》第十二期。王志成之說見〈商鞅農戰政策之研究〉一文，頁8，收錄於《師大國文研究所集刊》第二十三號。

〔註29〕《韓非子‧五蠹篇》曰：「藏商管之法者家有之」。《荀子‧議兵篇》曰：「故齊之田單、楚之莊蹻、秦之衛鞅、燕之繆蟻，是皆世俗之所謂善用兵者也。」

宋	《直齋書錄解題》	商　子	五	27	據四庫本是 27 篇。據今本
				25	《直齋書錄解題》是 25 篇。
元	《宋史・藝文志》	商　子	五		
明	《諸子辨》	商　子	五	25	亡第 21 篇
	范欽本	商　子	五	24	亡第 16、21 篇
清	《四庫全書》	商　子	五	24	
	嚴校本	商君書		24	

二、《商君書》作者考證

歷來有關《商君書》作者的考辨，各家說法歧異互見。歸納其論，可分三派，列之如次：

（一）第一派主《商君書》為商鞅自撰

主《商君書》係商鞅自撰者，多見諸史志著錄。例如司馬遷《史記・商君列傳》曰：

> 余嘗讀商君開塞耕戰書，與其人行事相類，卒受惡名於秦，有以也夫！

班固《漢書・藝文志》法家載商君二十九篇。自注曰：

> 名鞅，姬姓，衛後也，相秦公，有列傳。

其後，歐陽修《新唐書・藝文志》、王堯臣《崇文總目》、鄭樵《通志》、晁公武《郡齋讀書志》、陳振孫《直齋書錄解題》、孫星衍《商子》校本、呂思勉《經子解題》等從之。〔註30〕

（二）第二派主《商君書》非商鞅自撰

首先對《商君書》真偽質疑者為黃震，其言曰：

> 商子者，公孫鞅之書也。始於墾草，督民耕戰。其文煩碎，不可以句。至今開卷於千載之下，猶為心目紊亂，況當時身被其禍者乎？

〔註30〕孫星衍《商子》校本有深入說明，其言曰：「三代諸子之書出於手撰，未經竄亂者惟此書及晏子、孫子、老莊、墨子、韓非數種。商子書中屢稱臣，竊以為臣之所謂云云，蓋此二十九篇是見秦孝公所上書，……後人以其前有更法一篇，疑為編次者襲史記之文，謂其非先秦書。然商子所引郭偃之法云云，史記略而不載，餘文亦多節減者，證知史記用商子，非商子引史記矣。蓋由商子既死，為其學者哀其師而次其文，紀以遇合始末于卷端，如今世之序錄者，不得以此疑其非古書也。」

然殿中與御史之號，實用此書，事必問法官，亦出此書。後世一切
據法爲斷者，亦合省所自出矣。或疑鞅亦法吏之有才者，其書不應
煩亂若此，眞僞殆未可知。（《黃氏日鈔》，卷五十五）

黃氏因《商君書》文煩碎不可句，遂疑其眞僞。由於黃震的疑竇，遂引發後
人的思索。如稍後《周氏涉筆》曰：

商鞅書亦多附會後事，擬取他辭，非本所論著也。其精確切要處，
史記列傳包括已盡，今所存大抵汎濫淫辭無足觀者。（馬端臨《文獻
通考》，卷二一二）

至《四庫全書總目提要》補充論證，斷定是書之僞，其言曰：

今考史記稱秦孝公卒，太子立，公子虔之徒告鞅欲反，惠王乃車裂
鞅以徇，則孝公卒後，鞅即逃死不暇，安得著書，如爲平日所著，
則必在孝公之世，又安得開卷第一篇，即稱孝公之諡，殊法家者流，
掇鞅餘論以成編……。

《四庫全書簡明目錄》從之。民國以後學者，就《四庫全書總目提要》的指
證，進而搜羅全書疑點，力證《商君書》之僞。如胡適先生曰：

今世所傳商君書二十四篇，乃是商君死後的人所假造的書。如徠民
篇說：「自魏襄以來，三晉之所亡於秦者，不可勝數也。」魏襄王死
在西元前296年，商君已死四十二年，如何能知他的諡法呢？徠民
篇又稱「長平之勝」，此事在西元前260年，商君已死七十八年了。
書中又屢稱秦王。秦稱王在商君死後十餘年。此皆可證商君書是假
書。（《中國古代哲學史》冊三第十二篇第二章）

此外，黃雲眉、錢穆、羅根澤、郭沫若、熊公哲等從之〔註31〕。諸位學者引
證或詳或略，然立意相同，係就不同角度考證《商君書》出自僞託。

（三）第三派主《商君書》部分為商鞅自撰

顧實於〈重考古今僞書考〉中，對《漢書藝文志講疏》所論《商君書》
出自傳學者之手的說法，有所補充〔註32〕。其曰：

今商君書當猶漢志法家之舊，而有殘缺。凡子書多非自著，身後有

〔註31〕黃雲眉之說，參見《古今僞書考補證‧子類》。錢穆之說，參見《先秦諸子繫
年‧商鞅考》。羅根澤之說，參見〈商君書探源〉，收錄於《古史辨》第六冊。
郭沫若之說，參見張心澂《僞書通考‧子部》法家類。熊公哲之說，參見〈商
君書眞僞辨〉，收錄於《政大學報》第九期。
〔註32〕顧實〈重考古今僞書考〉，轉引自陳啓天《商鞅評傳》，頁119。

> 宦學師事者或賓客爲之綴輯成書，故往往時代不符。商君書徠民弱
> 民二篇，皆有及商君身後事，讀者分別觀之可耳。周氏之語，殊不
> 足據。

窺其意，殆認爲《商君書》縱有後人撰作之處，但不宜就此推斷全書出自僞
託。而後，劉咸炘持此見解，闡發如下：

> 今觀其書，大抵更法、定分本後人所記；墾令、境內或本鞅條上之
> 文；去彊以下諸篇文勢有異，而語或複冗，必有徒裔所增衍。然其
> 稱臣者，亦或當時數奏之詞，而後人記之，不得全謂鞅作，亦不得
> 謂全無鞅作也。（《子疏》，卷八）

此說陳啓天、高亨、詹秀惠、鄭良樹等從之。〔註33〕

　　綜觀前述，第一派史志與私人藏書目錄，主《商君書》爲商鞅自撰。第
二派則舉證說明《商君書》出自僞託，其例證繁多，以下就徵引商鞅身後史
實與抄引他書二者，整理如次：

（一）徵引商鞅身後史實

1. 〈更法篇〉稱孝公謚。
2. 〈徠民篇〉記載秦稱王。
3. 〈徠民篇〉稱魏襄王謚。
4. 〈錯法篇〉引烏獲之名。〔註34〕
5. 〈弱民篇〉引唐眛死於垂沙一事。
6. 〈弱民篇〉引秦破鄢郢一事。
7. 〈徠民篇〉記載華軍之勝。
8. 〈徠民篇〉記載長平之役。
9. 〈徠民篇〉記載周軍之勝。

〔註33〕陳啓天之說，參見《商鞅評傳》第六章。高亨之說，參見〈商君書作者考〉
一文，收錄於高著《商君書注譯》一書。詹秀惠之說，參見〈釋商君書並論
其眞僞〉一文，收錄於《淡江學報》第十二期。鄭良樹之說。參見《商鞅及
其學派》前編〈商君書作成時代的研究〉。

〔註34〕據賀凌虛考證：「最先以力士稱述烏獲的，似係成書於商鞅死後約四、五十年
的孟子書。該書〈告子下篇〉說：『今日舉百鈞，則爲有力人矣。然則烏獲之
任，是亦爲烏獲而已矣。故商鞅爲文自不應以烏獲與傳說中黃帝時的離婁並
舉以作譬喻，足見本篇非出於商鞅手筆。』」收錄於《商君今註今譯》，頁
87。

上引商鞅身後史實，列表於下，以清眉目。

西元前	周 紀 年	秦 紀 年	與商君有關之事件	距鞅之卒年	資料來源	商君書篇　名
338年	顯王三十一年	孝公二十四年	秦孝公死商君死		《史記》〈商君列傳〉	
325年	顯王四十四年	惠文王十三年	秦惠王稱王	十三年	〈周本紀〉〈秦本紀〉	徠民
319年	慎靚王二年	惠文王六年	魏襄王死	十九年	〈魏世家〉	徠民
307年	赧王八年	武王四年	秦力士任鄙、烏獲、孟說皆至大官	三十一年	〈秦本紀〉	錯法
301年	赧王十四年	昭襄王六年	楚將唐昧戰死垂沙	三十八年	〈六國年表〉〈楚世家〉	弱民
278年	赧王三十七年	昭襄王二十九年	秦取楚鄢郢	六十一年	〈六國年表〉〈楚世家〉	弱民
273年	赧王四十二年	昭襄王三十四年	秦破魏軍于華陽	六十五年	〈六國年表〉〈魏世家〉	徠民
260年	赧王五十五年	昭襄王四十七年	秦破趙軍于長平	七十八年	〈六國年表〉〈趙世家〉	徠民
256年	赧王五十九年	昭襄王五十一年	秦取西周	八十二年	〈六國年表〉〈周本家〉	徠民

（二）抄引他書

1.抄自《慎子》 〈內篇〉：「一兔走，百人逐之，非一兔足為百人分也，由未定也。……積兔在市，行者不顧，非不欲兔也，分已定矣。分已定，人雖鄙不爭。」	《商君書》 〈定分篇〉：「一兔走，百人逐之，非以兔也。夫賣者滿市，而盜不敢取，由名分已定也。」
2.抄自《荀子》 〈議兵篇〉：「楚人鮫革犀兕以為甲，鞈如金石，宛鉅鐵釶，慘如蠭蠆，輕利僄遨，卒如飄風，然而兵殆於垂沙，唐蔑死，莊蹻起，楚分而為三四，是豈無堅甲利兵也哉，其所以統之者，非其道故也，汝穎以為險，江漢以為池，限之以鄧林，緣之以方城，然而秦師至而鄢郢舉，若振槁然，是豈無固塞隘阻也哉，其所以統之者，非其道故也。」	《商君書》 〈弱民篇〉：「楚國之民，齊疾而均，速若飄風，宛鉅鐵釶，利若蜂蠆，脅蛟犀兕，堅若金石，江漢以為池，汝穎以為限，隱以鄧林，緣以方城，秦師至鄢郢，舉若振槁，唐蔑死於垂沙。」
3.抄自《韓非子》 〈難勢篇〉：「故曰，勢治者則不可亂，而勢亂者則不可治也。」 〈五蠹篇〉：「微妙之言，上智之所難知也。」 〈飭令篇〉全文	《商君書》 〈定分篇〉：「故勢治者不可亂，世亂者不可治。」 〈定分篇〉：「夫微妙意志之言，上知之所難也。」 〈靳令篇〉全文

　　以上整理第二派學者例證，掛一漏萬處甚多，但由上述羅列各點，已足以推翻第一派主張全書爲商鞅自撰的說法。然而，就第二派所持理由，進而推論全書爲僞，亦有可議處。今就論證的全面性與可靠性說明：

（一）就徵引史實的全面性而言

　　《商君書》引用商鞅身後事，沈欽韓《漢書補注》已早論及，其言曰：

> 案十五徠民篇云：「今三晉不勝秦四世矣。自魏襄王以來，野戰不勝，則城必拔。」又云：「周軍之勝，華軍之勝，秦斬首而東之。」又弱民篇云：「秦師至鄢郢，舉若振槁。唐眛死於垂沙，莊蹻發於內楚。」則皆在秦昭王時，非商君本書。

由此可知，第二派學者的論據，與沈氏相若，且均出自數篇。所以，只可據以論斷〈錯法〉、〈弱民〉、〈徠民〉等數篇非商鞅自撰，若據此斷言全書爲僞，則有失公允。〔註35〕

（二）就所持證據的可靠性而言

　　論者謂〈更法篇〉稱及孝公諡，遂視其爲僞。陳啓天先生持異議說：

> 稱諡名，尚不能十分算是僞書的證據（《商鞅評傳》第六章）

其涵義指：稱及諡名可證該篇爲後人追記，但不能武斷該篇所記述的內容，全由後人僞造，與商鞅絕不相干。〔註36〕

　　因此，〈更法篇〉的撰述者雖非商鞅，可信度仍高。而且我們可由「御前辯難」始末的詳明，推論撰者應親聞其事或躬臨參與，否則無以致此〔註37〕。所以，僅就稱引諡號而定該篇眞僞，仍不足採之。而《四庫全書總目提要》等，因〈更法篇〉稱孝公諡，而總斷全書，更不可信以爲眞了。

　　職是之故，第二派說法亦難成立。至於第三派學者以中庸態度，客觀考核《商君書》，所以立論未流於牽強附會。觀其推斷，殆始於劉咸炘以《商君書》「不得全謂鞅作，亦不得謂全無鞅作」的觀點，備考全書。陳啓天力贊其說，逐篇考證。高亨、詹秀惠、賀淩虛、鄭良樹等本陳氏之法，愈發精覈，論證成果已獲學界首肯。因此，本文於《商君書》各篇的考證，即引用第三派學者的研究成果，今列表如次：〔註38〕

〔註35〕此觀點陳啓天已言及，詳參《商鞅評傳》，頁117。
〔註36〕參見陳啓天，《商鞅評傳》，頁116～117。
〔註37〕同註25，頁204。
〔註38〕第三派學者對何篇是商鞅親撰，何篇是徒屬所作，意見紛紜。本文所據的是

篇　　名	作者之推斷	大概成篇時代	備　　　　考
更法第一	後人記述	戰國後期	與《史記・商君列傳》及《新序・善謀》上篇有關記述相同，並與《戰國策・趙策一》「趙武靈王平晝閒居」所記相若
墾令第二	疑商鞅自撰	秦孝公初年	可能係商鞅條上之文
農戰第三	法家後學所作	戰國後期	係演繹商鞅理論而成
去彊第四	法家後學所作	戰國末期	章句大半與說民、弱民、靳令等篇類似或重出
說民第五	商鞅徒屬所作	戰國中葉	係結集商鞅奏議與言論而成
算地第六	疑商鞅自撰或其徒屬所作	秦孝公時或戰國中葉	縱非非商鞅奏議，亦係結集其奏議與言論而成
開塞第七	疑商鞅自撰	秦孝公時	無後人偽託證據
壹言第八	法家後學所作	戰國末期	掇商鞅餘論而成
錯法第九	法家後學所作	戰國後期	掇商鞅餘論而成
戰法第十	徒屬或後學所作	戰國中葉	可能掇商鞅餘論而成
立本第十一	徒屬或後學所作	戰國中葉	可能掇商鞅餘論而成
兵守第十二	徒屬或後學所作	戰國中葉	可能掇商鞅餘論而成
靳令第十三	後人雜湊	西漢初期	雜湊商鞅言論加以竄改、附益而成
修權第十四	無法確定商鞅自撰或法家後學所作	秦孝公時或戰國中後期	可代表或闡揚商鞅思想
徠民第十五	法家後學所作	秦王政初年	爲書中言及商鞅身後事最多之篇
刑約第十六	亡		
賞刑第十七	無法確定商鞅自撰或鞅死後法家後學所作	秦孝公時或戰國中葉	可代表商鞅思想和主張
畫策第十八	法家後學所作	戰國末期	掇商鞅餘論並雜有他意在內
境內第十九	無法確定是否商鞅所訂法令之殘餘	秦孝公時或戰國中葉	可代表商鞅思想
弱民第二十	法家後學所作	秦統一前夕	掇商鞅及其後學言論雜湊荀子之說而成
□□第二十一	內容及篇目具亡		
外內第二十二	法家後學所作	戰國末期	雖與商鞅行事相類，但文筆較他篇流暢，絕非其手筆
君臣第二十三	法家後學所作	戰國末期	掇商鞅餘論而成
禁使第二十四	法家後學所作	戰國末期	掇商鞅餘論益以其他法家言論而成
愼法第二十五	縱出商鞅手筆亦係後人拼湊	戰國後期	與商鞅思想及事蹟相合
定分第二十六	後人記述	西漢初期	似非商鞅治秦事蹟
附六法逸文	無法確定是否商鞅手撰	無法確定	疑爲商君二十九篇中逸去的三篇之一其中的一段

賀凌虛於〈商君書及其基本思想析論〉一文的整理成果。收錄於《商君書今註今譯》，頁118～221。因將其與高亨、詹秀惠、鄭良樹等學者的考證比對，賀凌虛所列表最具綜合性，故以此爲主。

三、《商君書》資料的取捨運用

由以上的探討，可知今存二十四篇《商君書》，有商鞅自撰者，有徒屬追述者，有戰國法家者流推衍者。其中商鞅自撰或疑其自撰者，應出自其手。然由後人追記、徒屬或後學所作，或拼湊諸篇，何者係商鞅言論、法令，殊難考察。然其非一時一人之作，已確切不移。〔註39〕

因此，在運用《商君書》資料時，曾反覆斟酌。大抵可將其篇章粗分為二類：

（一）首要部分

包括商鞅親撰，或疑似商鞅所撰（並成篇時代接近秦孝公者），以及後人追記，但與史實記載符合的篇章。例如：〈更法〉、〈墾令〉、〈算地〉、〈開塞〉、〈修權〉、〈賞刑〉、〈境內〉等篇屬之。

（二）次要部分

是就徒屬、後學所作的篇章而言。除上列各篇外，其餘如：〈農戰〉、〈去彊〉、〈說民〉、〈壹言〉、〈錯法〉、〈戰法〉、〈立本〉、〈兵守〉、〈靳令〉、〈徠民〉、〈畫策〉、〈弱民〉、〈外內〉、〈君臣〉、〈禁使〉、〈慎法〉、〈定分〉等篇屬之。

關於以上二類篇章的運用，有二點須加以說明：

1. 〈墾令〉、〈境內〉二篇，劉咸炘先生於《子疏》中說：「墾令或本鞅條上之文」、「境內或本鞅條上之文」，陳啓天先生從之，於《商鞅評傳》第六章指出：〈墾令篇〉「像令文的一種說明或條陳」，〈境內篇〉似「商鞅所行法令殘留下來的一部分」。因此，若視〈墾令〉、〈境內〉為商鞅公布的法令，應無疑議。故本論文基本上是運用上述二篇考探商鞅學說的實踐，其它各篇則為理論的陳述。

2. 用作理論陳述的各篇，大部分是出自後學所作。余嘉錫先生《古書通例》，卷二曰：

> 周、秦諸子，以從游之眾，傳授之久，故其書往往出於後人追敘，
>
> 而自作之文，乃不能甚多。

可知先秦古書常有此現象。由於「宗法上口耳相傳」（《古書通例・緒論》），而由徒屬追敘其學說，輯錄其遺文者，仍有所承，實不必視為僞書。故本論

〔註39〕參見賀凌虛，〈商君書及其基本思想析論〉一文，收錄於《商君書今註今譯》，頁222。

文擇取其中與商鞅言論、事功不相牴牾並有一貫性者，配合首要部分的篇章合併運用，作爲探討商鞅思想的依據。〔註40〕

第二章　商鞅反人文觀形成的背景

　　思想的產生並非憑空而起，它有特定關注的焦點。誠如勞思光先生於《新編中國思想史》序言中所指出：凡個人或學派的思想理論，多是對某一問題的解答。本文首章第二節曾論及商鞅的時代環境與社會表象，爲其思想形成的助緣，並未觸及本質因緣。就根本原因言，商鞅思想乃源於春秋戰國的「禮壞樂崩」，或稱「周文罷敝」〔註1〕。由於禮樂衰變，禮制無法維繫政治社會秩序，舊的社會型態脫離封建制度的束縛，產生社會轉型現象。商鞅爲因應時代變革，否定禮樂存在價值。並對應富國強兵事功，因而形成其反人文觀的思想。易言之，是由「禮壞樂崩」產生思索進路。因此，欲知商鞅反人文觀的形成，首應考察春秋戰國禮樂崩壞的課題。至於商鞅重建社會秩序方式何以異於儒道墨家，其間的內外縱橫因由，又不可不知。所以，本章就戰國時代導向、商鞅所處的衛秦環境、思想所承、以及人格特質四端探索，提供其反人文觀可能的形成背景。

第一節　戰國時勢的導向

　　商鞅思想是源自「禮壞樂崩」。然而，春秋戰國之前，禮樂已有悠久傳統。李正治先生稱爲「三代禮樂傳統」（《春秋戰國禮樂思索的正反諸型》第二章），此一傳統在周公「制禮作樂」時，將其由單純禮俗轉爲文化新統。對於此一

〔註1〕有關諸子學的起源問題，在中國哲學史的探討中，有許多種説法。牟宗三曾探入辨析，指出傳統諸子出於王官之説，及胡適由社會出問題，民生有疾苦所作的解釋，都只涉及諸子起源的助緣。事實上，其起源的本質，即直接相干關係，當爲「周文罷敝」。詳見牟宗三《中國哲學十九講》，頁54～56。

文化新統的了解，與探討「禮壞樂崩」有密切關係。所以本節敍述禮樂文化的興衰，呈現社會轉型的現象，再思索商鞅的因應態度，說明反人文觀可能形成的緣由。

前述商鞅學說形成本質為「禮壞樂崩」，若上溯我國禮樂傳統，則孔子以來已有三代損益相因之說〔註2〕。然而，孔子言夏殷之禮，已有文獻不足的慨歎，可見其禮樂實況多不可詳知。近代學者張端穗先生於〈仁與禮——道德自主與社會制約〉一文中，就西周文獻《尚書》考察，禮出現四次，三次見於〈洛誥篇〉，「王肇稱殷禮，祀于新邑，咸秩無文」，「惇宗將禮，稱秩元祀，咸秩無文」，「四方迪亂未定，于宗禮亦未克敉公功」。一次見於〈君奭篇〉，「率惟茲有陳，保乂有殷；故殷禮陟配天，多歷年所」。從各句上下文推看，此四禮字指祭祀之事，且特指商人祭祀。因西周初，滅殷不久，周禮未定，仍延用殷制，故禮指殷祭祀之事。此外，學者又從殷人信仰推論商代禮樂主要是祭祀儀式〔註3〕。由其說明，禮的原義和祭祀有密切關係。

至於禮樂由單純的祭祀之義轉化為「治人之道」，始於周公「制禮作樂」。牟宗三先生指出：周公的「制禮作樂」乃中國歷史發展中第一個重要關鍵〔註4〕。其涵義可就王國維先生〈殷周制度論〉一文細推〔註5〕。王先生指出：周人制度大異於殷者有三，一是立子立嫡之制，二是廟數之制，三是同姓不婚之制。「由是制度，乃生典禮，則禮經三百、曲禮三千是也。」至於支配制度的原則，則由「尊尊親親二義出」。

有關親親、尊尊二綱目，分別指家庭骨肉關係與政治等級的客觀地位〔註6〕。而其真諦簡博賢先生於《今存三國兩晉經學遺籍考》自序中曾指出：親親之義著，是以遠近之情判，而親疏有殺。尊尊之道具，是以上下之分定，而貴賤有位。可見二者是維繫社會秩然有等的原則。由此原則衍生宗法、封

〔註2〕《論語・為政篇》記載孔子說：「殷因於夏禮，所損益可知也。周因於殷禮，所損益可知也。」

〔註3〕參見李正治，《春秋戰國禮樂思索的正反諸型》，頁25。

〔註4〕牟宗三指出：在中國歷史的發展中有三個主要關鍵：一是周公制禮作樂。二是法家的工作完成了春秋戰國時代政治社會的轉型。三是由辛亥革命到現在所要求的民主建國。參見《中國哲學十九講》，頁177。

〔註5〕李正治，《春秋戰國禮樂思索的正反諸型》已採用此角度說明，參見該文頁27～29。

〔註6〕尊尊下又分二系，一系是王、公、侯、伯、子、男，屬政權，可世襲；另一系是王、公、卿、大夫、士，屬治權，不可世襲。參見《中國哲學十九講》，頁57～58。

建、井田諸制，並生禮制與儀文，此即周公開出的文化新統。

由此可知，周公「制禮作樂」粲然明備，非緣自「禮儀三百」、「威儀三千」等量之多寡，而是親親、尊尊原則分明。體斯微義，則殷周進展關鍵，已覘窺無遺。

至春秋之世，周文由盛而衰，余英時先生指出：「春秋時代一方面是禮樂傳統發展到了最成熟的階段，另一方面則盛極而衰發生了『禮壞樂崩』的現象。」（《史學與傳統》，頁39）至戰國三家分晉、田氏篡齊，司馬光《資治通鑑》，卷一哀其「先王之禮，於斯盡矣」。考其變局殆源於「周文罷敝」，無以維繫秩序。然而，周文何以罷敝導生亂局？則應首先探知。歷來學者對封建禮制崩潰之因，論述不一。今從內在與外在成因思索，分親親精神的喪失、井田制度的破壞、經濟型態的改變三點立論。

就親親精神喪失言。封建制度的政治結構係以血緣關係爲結合紐帶。由家族血緣推至政治，即由親親達到尊尊目的。如程瑤田所謂「宗之道，兄道也。」（《宗法小記》）可見親親精神於封建宗法制度的重要性。因藉倫理感情結合尊尊至道，本有其穩定性，但植基於血緣的原則一旦破壞，團結鬆弛，自然趨於分崩離析。春秋戰國親親精神的喪亡，可由宗法關係的演變中察知。

周公定宗法行封建，在宗支隸屬關係上，小宗承命大宗，嫡庶分明，並以嫡長子承繼名位。而此宗法關係的破壞，首見於周宣王立戲〔註7〕。宣王廢長建少，壞宗法，危及封建，親親原則受動搖。至周幽王立太子，滅嫡用孽〔註8〕。親親原則的破壞已可觀其梗概。

而天子與諸侯國的關係，親親之義失墜亦見一般。例如：東周初，鄭最效力天子。《國語・周語中》曰：「我周之東遷，晉鄭是依。」然而，根據《春秋左氏傳・桓公五年》記載周鄭「繻葛之戰」〔註9〕，由鄭射王肩的情形，可

〔註7〕　《國語・周語上》記載此史實曰：「魯武公以括與戲見王。王立戲，樊仲山父諫曰，不可立也，不順必犯。犯王命必誅，故出令，不可不順也，令之不行，政之不立，行而不順，民將棄上，夫下事上，少事長，所以爲順也，今天子立諸侯而建其少，是教逆也。」徐復觀首先提出此說，見《兩漢思想史》，頁67。

〔註8〕　《史記・周本紀》記載此史實曰：「是爲襃姒，當幽王三年，王之後宮，見而愛之，生子伯服。竟廢申后及太子，以襃姒爲后，伯服爲太子。」

〔註9〕　《春秋左氏傳・桓公五年》記載此史實曰：「王奪鄭伯政，鄭伯不朝。秋，王以諸侯伐鄭，鄭伯禦之。王爲中軍，虢公林父將右軍，蔡人、衛人屬焉，周

推知血緣情感已蕩然無存。

天子、諸侯既不遵宗法血緣關係，而諸侯國與諸侯國之間，關係更益疏遠，情感淡薄，無視親親之義，自不待言。春秋時各國相互攻伐概況，據清顧棟高先生於《春秋大事表・列國疆域表》的統計指出：魯齊各兼有九國與十國之地，晉滅十八國，楚吞併四十二國，宋兼有六國之地。又陳啓天先生於《商鞅評傳》第一章曾統計周初武王觀兵孟津，與會諸侯有八百。及勝殷紂，又大封同姓、勳戚。然至春秋初，見於載記的，已不過一百六十三國。戰國初期，僅剩七國及數小國，至戰國末則大小諸國均一統於秦。由列國兼併吞噬的局面，已見親親之義絕，宗法封建的禮治秩序，不再維持。

又諸侯國內部親親之義更是微不足道。《史記・自序》云：「春秋之中，弒君三十六，亡國五十二，諸侯奔走不得保其社稷者不可勝數。」陪臣欲自躋於世卿之列，因無宗法根據，多藉武力謀取政治地位，以下陵上，親親精神既失，尊尊之義亦廢。所以，馮李驊先生說：「穩桓以下，政在諸侯。僖文以下，政在大夫。定哀以下，政在陪臣。」（《左繡》，首卷〈春秋三變說〉）

就井田制度破壞言。封建制中土地爲貴族所有，只授與農民耕作，其有公田與私田的分別。農民助耕公田，而以私田收穫維生。觀《國語・魯語下》仲尼告冉有曾言：

> 求，來，汝不聞乎？先王制土，藉田以力，而砥其遠邇；賦里以入，而量其有無；任力以夫，而議其老幼。於是乎有鰥寡孤疾。有軍旅之出，則徵之，無則已。其歲，收田一井，出稷禾秉芻缶米，不是過也。先王以爲足若子季孫欲其法也。則有周公之藉矣。若欲犯法，則苟而賦，又何訪焉。

由這段記載，可知周代行藉田法。所謂「藉田以力」、「周公之藉」，就是指藉田法。庶人只以力役事上，無庸納稅，唯有戰爭才酌加稅收。因此，代耕制是封建社會的典型生產方式。然而，貴族生活日奢，列國兼併日熾，財用不足，於是往往擴大稅收來彌補。例如：《春秋》記魯宣公十五年行「初稅畝」。左氏批評曰：

> 公黑肩將左軍，陳人屬焉……戰於繻葛。命二拒曰：『旝動而鼓』，蔡、衛、陳皆奔，王卒亂，鄭師合以攻之，王卒大敗。祝聃射王中肩，王亦能軍，祝聃請從之。公曰：『君子不欲多上人，況敢陵天子乎，苟自救也，社稷無損多矣。』夜，鄭伯使祭足勞王，且問左右。」

初稅畝，非禮也。穀出不過藉。(《春秋左氏傳・宣公十五年》)

「畝」指私田而言，「藉」是民力所耕的公田。宣公既取公田稅收，復轉就私田徵稅，已破壞藉田法。此非法稅收至魯哀公仍推行〔註10〕。魯國如此，他國先後可推。是以，賦稅累增無已，人民不堪負荷，井田制勢難維持。

就經濟型態改變而言。春秋戰國經濟發展迅速，尤其商業日趨繁榮。當然這是整體經濟條件的配合，由於當時農業技術進步、工業技術發展，促使生產力大增〔註11〕。又因交通暢通，得以貿遷有無〔註12〕，刺激商業的發展。所以《春秋左氏傳・昭公十六年》記子產論及鄭商的話：

昔我先君桓公，與商人皆出自周。庸次比耦以艾殺此地，斬之蓬、蒿、藜、藋而共處之，世有盟誓，以相信也。曰：爾無我叛，我無強賈。毋或匄奪。爾有利市寶賄，我勿與知。恃此質誓，故能相保以至于今。

由這段話分析，商業在春秋時已盛，商人勢力也頗大。而且《史記・貨殖列傳》曾記載子貢以幣帛聘享諸侯，與國君分庭抗禮一事〔註13〕，可見當時由商業而來的經濟力量，近逼封建貴族的身分地位，商人勢力已不容等閒視之，而商業發達概況也可想而知了。

至於商業的活躍，戰國更甚春秋，此現象可由貨幣流通情形說明。錢穆先生曾指出：

《左傳》所記列國君相餽贈、賂遺、贖罪、納懽，大抵為車馬錦璧鐘鼎寶玩，乃至女妾樂師而止，絕無以黃金貨幣相投報者，有之，皆自戰國始。(《國史大綱》第二編第五章)

據其言，一則知春秋之世尚以實物為主，戰國時則貨幣週流各地。再則知當時貨幣使用的普遍程度，已為國與國之間的外交媒介。就考古實物證明，戰

〔註10〕《論語・顏淵篇》記載：「哀公問於有若曰：『年饑歲不足，如之何？』有若曰：『盍徹乎？』曰：『二吾猶不足，如之何其徹也？』」

〔註11〕錢穆歸納春秋戰國耕器之進步，已用鐵耕與牛耕。如《孟子》云：「許子以鐵耕乎」。《戰國策》載「秦以牛田通水糧」。又其水利工程灌溉事業之發達，如魏有西門豹，(文侯時) 白圭，(惠王時) 吳起。(襄王時) 秦有李冰，(孝文王時) 鄭國，(始皇時) 周禮遂人所記遂溝洫澮川等制度。見《國史大綱》，頁59。

〔註12〕據陳槃〈春秋列國的交通〉一文，已知春秋時代交通已甚發達。收錄於《中國上古史待定稿》第三本，中研院史語所。

〔註13〕《史記・貨殖列傳》記載曰：「子貢既學於仲尼，退而仕於衛，廢著鬻財於曹魯之間。七十子之徒，賜最為饒益……結駟連騎，束帛之幣，以聘享諸侯。所至，國君無不分庭與之抗禮。夫使孔子名揚於天下者，子貢先後之也。」

國經濟交流已無國界之隔。千家駒與郭彥崗先生於《中國貨幣發展簡史和表解》的第五表中，整理春秋戰國時期的四大貨幣體系：布幣、刀幣、圜錢、楚幣，其中燕、趙爲刀、布並行區域，東、西周與秦則爲布幣、圜錢並行區域〔註14〕。據此，在經濟上，中國儼若已是一互相勾絡的整體。〔註15〕

由於戰國工商業的發達，導致人口增加，城市興起，各國獨立性增強，加以井田制度破壞，土地自由買賣，封建制度的經濟基礎因而漸趨瓦解了。

上述歸納「周文罷敝」的內部外在因緣，是就其大而顯者論之〔註16〕。但由此梗概已可窺得封建制的精神與制度崩毀的現象。因此，封建禮制及儀節形同虛設，無法維繫秩序，變局愈演愈裂。於是社會有許多新現象產生，據錢穆先生《國史大綱》第二編第五章歸納有七端：（一）郡縣制的推行。（二）井田制的廢棄。（三）農民軍隊的興起。（四）工商大都市的發展。（五）山澤禁地的解放。（六）貨幣的使用。（七）民間自由學術的興起。所以，封建禮制是否有存在價值，遂引發不同層次的思索。

由周公「制禮作樂」至春秋戰國「禮壞樂崩」的過程，說明了社會轉型的趨勢。而商鞅對禮樂去取的態度，則可就其因應社會的轉型見其端倪。首先我們正視商鞅的措施，在政治上爲「廢封建，立郡縣」，在經濟上則「廢井田」。顯然他採取變革的歷史哲學，完成春秋戰國政治社會的轉型〔註17〕，而不圖恢復西周禮樂盛況。就廢封建、立郡縣、廢井田而言，商鞅排除貴族勢力，並展開君主專制的格局，有其積極意義。然而，由於致力變革的客觀事業，一切依法而行，又不顧禮樂傳統本質，思想遂生偏執。

事實上，禮法一體，荀子曰：「禮義生而制法度」（《荀子‧性惡篇》），章炳麟曰：「禮者，法度之通名。」（《章氏叢書檢論》，卷二〈禮隆殺論〉）換言之，法出於禮。即禮具道德規範性，而爲社會所共守，當人有悖禮時，則設

〔註14〕 徐復觀亦指出：1956年於芮城窖藏出土四百六十塊金塊，鑄造地名有魏、韓、趙等二十多處。1957年於北京呼家樓窖藏出土之布幣，其鑄地多達五十多處。見《兩漢思想史》，頁107。

〔註15〕 許倬雲，〈周代都市的發展與商業的發達〉一文指出：「一國貨幣之出現於另一國，自可說明兩地之間有經濟交流。」收錄於《求古編》，頁140。

〔註16〕 李宗侗，〈封建的解體〉一文，論封建崩潰之因，分政治上的變化與其它原因二端。而其它原因又羅列人眾地少、經濟的變化、農業的改良、人口的集中及大城市的建立、小人中若干份子的上升、戰爭型態的改變、戰國仕官的流動性、思想的變化、戰國封君的性質與春秋不同等九項。論證詳明，最爲周延。收錄於《中國上古史待定稿》第三本，中研院史語所。

〔註17〕 同註4。

刑罰強制禁止。故出乎禮則入乎法，二者相互縮合。而且我國以法輔禮的情形，由來已久。由《隋書·經籍志》記載可知，其言曰：

> ……易著先王明罰飭法，書美明于五刑以弼五教，周官司寇掌建國之三典，以佐王刑邦國、詰四方，司刑以五刑之法麗萬民之罪，是也。……

至春秋之世，鄭鑄刑書、晉鑄刑鼎，以法輔禮的方式更加明朗進化。所以，商君重法，應勢而出，有其必要。因此，商鞅的缺失非緣於重法，而是視禮制毀敗，不足爲用，而專任於法。由於因法廢禮，遂形成反人文的現象。

商鞅有「因法廢禮」現象，形成緣由將於第三章論述，本節先就「因法廢禮」說法的成立作一交待。因趙雅博先生於〈先秦論禮〉一文中認爲商君主張「更禮」。所持論據爲《商君書·更法篇》說：

> 禮者所以便事也，是以聖人苟可以彊國，不法其故。苟可以利民，不循其禮……三代不同禮而王……賢者更禮，而不肖者拘焉，拘禮之人，不足以言事。

據此，遂提出商鞅並非「無禮」，即非「廢禮」。

究其所言，筆者以爲所謂「不法其故」、「不循其禮」可覘商鞅的進化觀。所謂「賢者更禮」可見商鞅只注意禮的儀文末節。從此處可看出他廢禮的傾向。要解釋此傾向，首先必須了解孔子言因革損益的內涵。因孔子所說的因革損益只是就禮的外表而言。這由《論語》記載孔子重禮之質的言論即可知悉。例如：〈八佾篇〉曰：

> 林放問禮之本。子曰：「大哉問！禮，與其奢也寧儉；喪，與其易也寧戚。」

〈先進篇〉曰：

> 先進於禮樂，野人也，後進於禮樂，君子也。如用之，則吾從先進。

據此，可知孔子重質的現象。所以禮之制在「莊敬恭順」，禮之經在「著誠去僞」（《禮記·樂記》）是不可損益的。換言之，禮的精神本質不容更易。因此，孔子不說「更禮」。今商鞅言「更禮」，顯然已忽視禮儀的本質意含。所以，當更禮之儀文末節時，因而廢禮之本質的可能性極大，據此論斷商鞅未曾廢禮，論據或嫌不足。

此外，若就商鞅變法觀察，已有廢禮含意。其變法內容，政以明法爲宗，民以耕戰爲重，論功罪則課以賞罰，並施以相牧司連坐。可見其刑法十分嚴

苛。而且，他又杜絕法令外的知識，不行教化〔註18〕。種種施行，誠如《漢書・藝文志》所評「無教化、去仁愛、專任刑法」的刻者。據此，亦可推論商鞅強調規律人我分際的狹義法，而斥一切自然道德原理的廣義法，即禮。易言之，商鞅從禮中抽繹出狹義法，並專於此法，而悖自然道德的人性，其廢禮之跡已頗明白。〔註19〕

　　至於商鞅所以因法廢禮的根本原因，殆「法之用易見，而禮之所爲生難知也。」（《大戴禮記・禮察篇》）而其所以欲收立竿見影效果，則不得不歸諸春秋戰國禮壞樂崩的形勢。由於封建解體，列國相互攻伐，其共同目標在謀生存與發展，而欲達此目的，各國遂紛紛變法維新。例如魏文侯用李悝，盡地方之教，並創平糴法。楚悼王用吳起明法審令，廢公族並撫養戰士。韓昭侯用申不害，內修政教，外應諸侯等，皆以富強爲本。商鞅順應世變，欲收客觀事業的時效，因而任法廢禮，產生反人文觀的思想。所以如此者，戰國時勢的導向是一重要因由。

第二節　衛秦環境的助成

　　商鞅反人文觀的形成，源於春秋戰國的「禮壞樂崩」已如上述。至於商鞅因應時代的方針，迥異於儒道墨家，而走向反人文途徑。其間又有複雜的內外因緣。本節專就外在因素剖析，而內在緣由，將於三、四節探討。

　　筆者認爲商鞅思想不同於其它諸子的外在原因，不外二端：一是受故國（衛國）傳統薰陶。因先秦列國爲自然環境與社會背景所限，思想內容多有殊異。由儒道墨法四家發源地的不同，已可考見〔註20〕。因此，商鞅可能承受衛國某些特色，形成本身思想核心與思考方向。二是秦國特殊風俗影響。

〔註18〕《史記・商君列傳》載趙良向商鞅進言中，「有勸秦王顯巖穴之士」之語。可見其反對法令外之知識，遂抑壓隱士。說見徐復觀，《兩漢思想史》，頁124。

〔註19〕埋葬制度是禮的重要組成部分，商鞅廢禮亦反應在埋葬制度上。根據大陸學者發表〈從秦和東方六國墓葬的不同看商鞅變法的徹底性〉一文顯示，秦國埋葬制度在戰國中期產生劃時代的變化。一是豎穴土坑墓和棺槨制度爲土洞墓代替，基本上不用木槨。二是不用隨葬品漸成趨勢，與東方各國追求厚葬的風氣相反。由於此變化發生於戰國中期以後，受商鞅變法影響很大。因此，大陸學者從考古上證實了商鞅對傳統禮制的破壞。由於厚葬久喪目的在體現人道，是「盡於人心所不忍」。然而，商鞅卻無視此人道動機，已拋棄禮制中的慎終精神，故廢禮之跡顯而易見。

〔註20〕參見蕭公權，《中國政治思想史》上冊，頁25～34。

由於諸子空懷救世理想者，比比皆是。而商鞅卻能逐步形成其反人文的偏執觀念，並付諸實踐。這與秦國獨特的風格應有關連。所以，本節循上列方向思索，尋求其思想背景。

一、衛國尚法傳統的孕育

蕭公權先生於《中國政治思想史》第一章曾指出：法家發源地以晉為中心，而鄭衛為附庸。由此，遂得知衛為法家重地。蕭先生並據《尚書・康誥》探求，提出該篇「敬明乃罰」之義過半，顯然衛有重法傳統。至於〈康誥〉是否足以作為探討衛重法背景的論據，首先則應詳溯其來歷。

據《春秋左氏傳・定公四年》謂成王分康叔以殷民七族，「命以康誥，而封於殷虛」，《史記・衛康叔世家》亦言〈康誥〉乃武庚之亂平後，成王封康叔於衛之誥[註21]。所以，〈康誥〉是康叔封衛時成王的誥辭，顯然為開國方針，影響力自然普及全國。本文由該篇推測衛傳統特色，應最具關鍵性。

然而，因周初滅殷不久，文物制度尚在草創階段，所以〈康誥〉的政教依據實多承自殷代哲王遺規。〈康誥〉曾經有言曰：「往敷求于殷先哲王，用保乂民。」即勉康叔布求殷先哲王之道用治安民。至於周以戰勝國而沿用商朝之舊，除體制未備外，筆者以為其中尚有政治與社會因素的考量。

就政治層面而言。周甫平武庚之亂，政局未穩，故周室欲衛君懷柔殷民，如〈酒誥〉曰：

> 惟殷之迪諸臣、惟工、及湎于酒，勿庸殺之，姑惟教之，有斯民享。

〈酒誥〉是周公以成王命告康叔之辭。其中對殷臣染紂惡俗的酗酒習慣，採寬容政策，無疑是鞏固政權的權宜策略。[註22]

就社會層面而言。殷人文化較周為高，由殷人商業的勃興可以窺其梗概[註23]。如〈酒誥〉曰：

[註21] 許倬雲由康侯殷的銘文：「王朿伐商邑，征令康侯圖於衛，沬嗣土送眾啚乍厥考障彝𠁁。」考見康叔由原封國康移於衛的事。見《西周史》增訂版，頁1230。

[註22] 許倬雲早已據此提出：「衛侯的任務是懷柔殷民以建立穩固的政權。」收錄同註21。

[註23] 沈日剛於〈從古代禮、刑的運用探討法家的來源〉一文中已言：「西周政府在取締殷人酒的文誥中『有妹，嗣爾股肱……肇牽車牛遠服賈……』之詞，可見衛在康叔受封之初，其人民經營遠方者即已不在少數。殷商盛時所用的銅、錫、龜甲均非其直轄地域內的產物，而係來自遠方者……周人原是西方的一種農業民族，他們戰勝之後，要統治那文明程度較高的商業社會，乃不得不『啟以商政』。」（收錄於《大陸雜誌》四十七卷二期），本文即採此觀點。

> 妹土、嗣爾股肱,純其藝黍稷,奔走事厥考厥長。肇牽車牛遠服賈,
> 用孝養厥父母。

此段即說明衛之殷遺民,平日勤種黍稷,供事父兄。農功既畢,則牽車牛遠行賈賣,已具相互交易的商業模式。此外,由甲骨文也可考察殷代已有商業行為。馬持盈先生曾言曰:

> 甲骨文上屢有「貝」字出現,又有「寶」、「暖」、「貯」等字,這是由貝字孳乳而來。(《中國經濟史》第一編第四章)

至於「貝」字出現的意義,即當時的用途,據李孝定先生《甲骨文字集釋第六》引董彥堂先生的話說:

> 貝在殷代確為重要貨幣,發掘所得有孔可系者,故屬之。

可推知殷漸商業化。

基於懷柔殷民與統治高文化民族的需要,所以〈康誥〉的政教依據多以殷道為準。至於其要旨則以「敬明乃罰」為主,細繹其涵義,殆欲康叔用殷常法故事。如〈康誥〉曰:

> 外事汝陳時臬司,師茲殷罰有倫。

又云:

> 汝陳時臬事,罰蔽殷彝,用其義刑義殺。

蓋告誡康叔凡斷獄應採用殷彝合宜者,不應以私見判決。由此,不難考知衛初已正視刑法的重要性。又據〈酒誥〉曰:

> 厥或誥曰:「群飲」,汝勿佚,盡執拘以歸于周,予其殺。

由人民飲酒細故而科死罪,足見其刑律的嚴厲。因此,梁啟超先生指出:「書經中〈康誥〉、〈酒誥〉等篇言刑事綦詳,可見其視之甚重。」(《先秦政治思想史》前論第七章)所以,衛開國實已有重法背景,後代商鞅重法,應受祖國尚法傳統的孕育。蕭公權先生曰:「衛國康叔始封為周司寇。既無周禮背景,重法復為開國之遺訓,則應晚周之趨勢而發為商鞅之學,事亦可能。」(《中國政治思想史》第一章)即指此而言。

二、秦國好戰習性與戎狄風俗的影響

(一)好戰習性

秦的好戰習性,可由《詩經·秦風》中得知。如〈小戎〉詩曰:

> 俴駟孔群,厹矛鋈錞,蒙伐有苑,虎韔鏤膺。交韔二弓、竹閉緄縢。

言念君子，載寢載興。厭厭良人，秩秩德音。（第三章）

是時此章描寫兵車武器，並以婦人閔其君子，表現全國的尚武精神。又如〈無衣〉詩曰：

豈曰無衣？與子同袍。王于興師，脩我戈矛。與子同仇。（第一章）

是詩此章說明秦人平居不忘備戰，與同仇敵愾的氣概。此外，〈駟驖〉詩以「駟驖孔阜，六轡在手。」美其善御，以「公曰左之，舍拔則獲。」誇其善射。顯見秦人有驍勇豪勁的好戰習性。

至於秦的好武善戰，則與地理位置有關。據《史記‧秦本紀》記載，秦本是西方山嶺草原的牧馬部落，秦襄王時以兵送周平王，有功封侯，賜之岐以西之地，襄公於是建國。由此可知，秦僻處西陲，與西戎接近。此外，《漢書‧趙充國辛慶忌傳贊》也說：

山西天水、隴西、安定、北地，處勢迫近羌胡，民俗修習戰備，高上勇力，鞍馬騎射。故秦詩曰：「王于興師，修我甲兵，與子皆行。」
其風聲氣俗，自古而然，今之歌謠慷慨，風流猶存耳。

足見秦處勢迫近羌胡，為阻遏戎患，故修習戰備。

有關秦戎間的戰史，據杜正勝先生〈從爵制論商鞅變法所形成的社會〉一文的整理，可分為四階段。第一階段自秦仲至襄公（西元前845～766年），約八十年。第二階段為文公、憲公和武公三朝（西元前765～678年），不及九十年。第三階段在穆公時期（西元前659～621年），約四十年。第四階段自厲共公至孝公初年（西元前476～361年），超過百年。前三階段屬春秋，後一階段為戰國。自第二階段的秦戎戰爭，秦人方漸居上風。至第三階段穆公時，遂霸西戎。至第四階段戰國時的秦戎衝突，十分零星。據《史記‧秦本紀》所載，只厲共公十六年「伐大荔」，三十三年「伐義渠，虜其王」，躁公十三年「義渠來伐，至渭南」，和孝公元年「斬戎之源王」四大戰役而已。

根據杜先生統計，可見秦與戎狄周旋甚久。甚至戰國，秦才有效制服戎狄。有關秦戎勢力的消長，王國維先生以都邑觀國勢的角度，亦可窺其端倪〔註24〕。其言曰：

秦之都邑分三處，與宗周、春秋、戰國三期相當。曰西垂、曰犬邱、

〔註24〕參見杜正勝，〈從爵制論商鞅變法所形成的社會〉一文。由王國維之說，可見秦人逐步東進的趨勢。且由都邑所在，亦提供我們研判該國之民族和文化的線索。

> 曰秦，其地皆在隴坻以西，此宗周之世秦之本國也。曰汧渭之會，
> 曰平陽、曰雍，皆在漢右扶風境，此周室東遷，秦得岐西地後之都
> 邑也。曰涇陽、曰櫟陽、曰咸陽，皆在涇渭下游，此戰國以後秦東
> 略時之都邑也。（《王觀堂先生全集》，卷十二〈秦都邑考〉）

由都邑所在，可見秦國之勢有漸東發展的趨向。蓋春秋時，秦受制於戎狄，專意經營西土。戰國時，戎狄已不足為患，遂致力東拓。

根據上述，秦戎間實多戰役，為整軍經武、開疆拓土，遂養成秦民彪悍堅忍之風、強鷙峻屬之氣，發之於外，則尚首功好武，成為秦國特色。

（二）夷狄風俗

秦地處西陲，不受列國尊重，如《史記·秦本紀》記載曰：

> 秦僻在雍州，不與中國諸侯之會盟，夷翟遇之。

《史記·六國年表序》亦曰：

> 秦始小國僻遠，諸夏賓之，比於戎狄。

事實上，山東諸國視秦如夷狄，除因小國僻遠外，其間亦涉及中國傳統嚴夷夏之防的立場。據《論語·子罕篇》曰：

> 子欲居九夷，或曰陋，如之何？子曰：君子居之，何陋之有？

孔子不存種族、地域的歧見，以為陋出自小人鄙陋之心，與九夷無涉。因此，李威熊先生於《中國文化精神的探索》第九章指出：孔子作春秋，其華夷之辨，乃決定於文化，而非種族。因此，諸侯用夷禮則夷之，夷狄進於中國則中國之。換言之，夷用夏則以夏視之，所以夷夏之別在文化。

今諸夏既比秦於戎狄，顯然秦已化於蠻族，受其習染。加以秦受封於周東遷之際，不及山東諸國立國於周初，故文明未開。所以，秦家族制度未備，父子無別，同室而居，男女混淆。因此，商鞅謂：「始秦戎翟之教，父子無別，同室而居。」（《史記·商君列傳》）即使經過商鞅改革，「令民父子兄弟同室內息者為禁。」（同上）秦民不再同室納媳，但仍「抱哺其子，與公併倨；婦姑不相說，則反脣而相稽。」（《漢書·賈誼傳》）其民依然「無禮之甚」（《漢書·賈誼傳》顏師古注）。直至戰國末期，尚且「擊甕叩缻，彈箏搏髀，而歌聲嗚嗚。」（《史記·李斯列傳》）

總上而論，秦既好戰鬥狠，商鞅變法，尚首功，按軍功受爵，即融合秦人慣戰習性。又秦民既蒙昧不開，商鞅利用其蠻戾貪婪之心，不啟禮義德行，而壹於農戰。所以，商鞅新法可謂因勢利導。而且《淮南子·要略篇》

指出：

> 秦國之俗，貪狼強力，寡義而趨利，可威以刑，而不可化以善；可
> 功以賞，而不可屬以名。

因此，秦國好戰習性與夷狄風俗，對商鞅反人文觀的完成及實踐有推波助瀾
的影響。

第三節　前人思想的啓迪

　　商鞅反人文觀的形成，除受外在環境影響外，並受前人啓迪。因任何學
說皆逐漸發展而成，所以必有若干承襲，不可能全出自創造。商鞅學說亦然。
據歐陽修指出：「法家者流，以法繩天下，使一本於其術，商君申韓之徒，乃
推而大之。」（《崇文總目》，卷五）由此可知，商鞅既推大法家統緒，其必有
所祖。至於商鞅之前的法家有管仲、子產、李悝、吳起等人，不論在實行上
或理論上已有貢獻。因此，就思想傳承而言，商鞅應曾綜合前人成就，再益
以己見，而成其學說體系。所以本文欲探索商鞅思想、事功承自前人處，以
明其淵源。

一、管　仲

　　管仲，名夷吾，春秋齊之穎上人。《史記·管晏列傳》記其任政相齊，通
貨積財，以富國彊兵。其著作有《管子》一書。《漢書·藝文志》列之道家，
《隋書·經籍志》始列爲法家之首。晉唐以來，學者多疑其非管仲所作，今
已成定論〔註25〕。然其中有法家言，是由於管仲本有法家傾向，才加以依託
〔註26〕。且明朱長春曰：「法家以管氏爲太祖」（見明萬曆本《管子榷》朱氏
評語），即上溯法家學說的產生始自管子，陳啓天、王曉波等學者，亦主管仲
爲法家開山祖〔註27〕。所以，商鞅相秦之政，因有遠承於管子者，以下茲分
二端論述：〔註28〕

〔註25〕參見張心澂《僞書通考》，頁 763～769。
〔註26〕見陳啓天《中國法家概論》，頁 40。此外蕭公權指出：《管子》雖非管仲所作，
　　　　而其思想大體非三家分晉、田氏代齊以後所能有。所以，其內容與管仲非無
　　　　涉。見《中國政治思想史》上冊，頁 206。
〔註27〕陳啓天之說收錄同註26，王曉波之說，見《先秦法家思想史論》，頁 10。
〔註28〕筆者探討管子思想的材料，是以管子軼事爲主，而《管子》書中與其軼事雷
　　　　同者爲輔。以管子軼事爲依據的探討方式，王曉波已開其先。

（一）重　法

根據《國語・晉語四》記載，齊姜曾親聞管仲的施政曰：

> 昔管仲有言，小妾聞之，曰：「畏威如疾，民之上也；從懷如流，民
> 之下也；見懷思威，民之中也。」畏威如疾，乃能威民；威在民上，
> 弗威有刑。從懷如流，去威遠矣，故謂之下。其在辟也，吾從中也。
> 鄭詩之言，吾其從之。此大夫管仲之所以紀綱齊國，裨輔先君而成
> 霸者也。

據此，可見管仲輔佐桓公稱霸的方法在使民「畏威如疾」。至於使民畏威之法，
《國語》未載，然其不外是「嚴刑峻法」與「信賞必罰」二者。據《管子》
書中云：

> 賞必足以使，威必足以勝，然後下從。……夫民躁而行僻，則賞不
> 可以不厚，禁不可以不重。故聖人設厚賞，非侈也；立重禁，非戾
> 也。賞薄，則民不利；禁輕，則邪人不畏。（〈正世篇〉）
> 行私惠而賞無功，則是使民偷幸而望於上也；行私惠而赦有罪，則
> 是使民輕上而易爲非也。（〈明法解篇〉）
> 凡赦者，小利而大害者也，故久而不勝其禍。毋赦者，小害而大利
> 者也，故久而不勝其福。（〈法法篇〉）

所以管仲欲使民「畏威如疾」，極可能已採取「嚴刑峻法」與「信賞必罰」等
方法。而此與商鞅等法家思想是一脈相承的。

（二）嚴密社會組織

管仲曾行「參其國而伍其鄙」的社會組織，以作內政而寄軍令〔註29〕。
有關「參其國而伍其鄙」的內容，根據《國語・齊語》的記載如下：

> 制國以爲二十一鄉，工商之鄉六。士鄉十五，公帥五鄉焉，國子帥
> 五鄉焉，高子帥五鄉焉。參國起，案以爲三官。臣立三宰，工立三
> 族，市立三鄉，澤立三虞，山立三衡。……制國五家爲軌，軌爲之
> 長。十軌有里，里有司。四里爲連，連爲之長。十連爲鄉，鄉有良
> 人焉，以爲軍令。五家爲軌，故五人爲伍，軌長帥之。十軌爲里，
> 故五十人爲小戎，里有司帥之。四里爲連，故二百人爲卒，連長帥
> 之。十連爲鄉，故二千人爲旅，鄉良人帥之。五鄉一帥，故萬人爲
> 一軍，五鄉之帥帥之。三軍，故有中軍之鼓，有國子之鼓，有高子

〔註29〕見王曉波，《先秦法家思想史論》，頁10。

之鼓。春以蒐振旅，秋以獮治兵。是故卒伍整於里，軍旅整於郊。

這是行政組織與軍隊編制的配合，其表現的軍國主義精神，爲後代法家所師承，亦爲連坐法、保甲法的摹本〔註 30〕。所以，商鞅應略仿其意，而有什伍制度的實行。〔註 31〕

二、子　產

子產即鄭大夫公孫僑，約後於管仲百年，與孔子同時，是春秋時代法家的先驅。由於他的執政，所以鄭國雖弱小，終得自保。有關子產的思想與實踐，可能影響商鞅者，約可歸爲二端：

（一）鑄刑書

子產對中國文化最大的貢獻在「鑄刑書」〔註 32〕，至於「刑書」的內容已不得而知。但《春秋左氏傳・昭公六年》曾記載晉大夫叔向的批評。其言曰：

> 昔先王議事以制，不爲刑辟，懼民之有爭心也，猶不可禁禦：是故閑之以義，糾之以政，行之以禮，守之以信，奉之以仁，制爲祿位以勸其從，嚴斷刑罰以威其淫。懼其未也，故誨之以忠，聳之以行，教之以務，使之以和，臨之以敬，涖之以彊，斷之以剛。猶求聖哲之上，明察之官，忠信之長，慈惠之師，民於是乎可任使也，而不生禍亂。民知有辟，則不忌於上，並有爭心，以徵於書，而徼幸以成之，弗可爲矣。……民知爭端矣，將棄禮而徵於書，錐刀之末，將盡爭之，亂獄滋豐，賄賂並行。終子之世，鄭其敗乎！

王曉波先生於《先秦法家思想史論》法家的前驅部分，就《左傳》所記，歸納「刑書」的性質如下：

1. 「民知有辟」：就是人民知道有法條可循。
2. 「徵於書」：人民不但知道有法條可循，並且，也會援引法條，由此可見「刑書」是公諸於民的。
3. 「不忌於上，並有爭心」：根據法條行爲，並可據「法」力爭，而不再畏懼執「刑」者。由此可見「刑書」是「法無明文不罰」的「罪刑

〔註 30〕同註 29，頁 11。
〔註 31〕見陳啓天《商鞅評傳》，頁 56。
〔註 32〕同註 29，頁 33。

法定」。

由王先生所示，可知子產所鑄的刑書是明文的公布法，並且貴族對人民不可擅斷罪刑，必需按法條行事。

子產鑄刑書之後，晉有刑鼎。到戰國李悝有《法經》，商鞅承《法經》有秦律。以上殆皆主張法須成文公布。所以商鞅的秦律應間接受子產鑄刑書的影響。

（二）重　刑

子產有重刑的觀念，可據《春秋左氏傳・昭公二十年》記載他死前告子大叔之語得知。其言曰：

> 唯有德者，能以寬服民，其次莫如猛。夫火烈，民望而畏之，故鮮死焉；水懦弱，民狎而翫之，則多死焉，故寬難。

所謂「猛」，其意殆指以嚴刑蒞民。由韓非記其重刑事跡可爲佐證。其言曰：

> 子產相鄭，病將死，謂游吉曰：「我死後，子必用鄭，必以嚴蒞人。夫火形嚴，故人鮮灼；水形懦，故人多溺。子必嚴子之刑，無令溺子之懦。」故子產死，游吉不忍行嚴刑。鄭少年相率爲盜，處於萑澤，將遂以爲鄭禍。游吉率車騎與戰，一日一夜，僅能剋之。游吉喟然嘆曰：「吾蚤行夫子之教，必不悔至於此矣。」（《韓非子・內儲說上篇》）

觀子產告游吉之語，深合法家之旨。王曉波先生遂指出「子產開啓了『重刑』之門，並提供了《商君書》以降的『以刑去刑』的理論雛形。」（《先秦法家思想史論》，頁 40）可見其對商鞅的影響是必然的。

三、李　悝

李悝生當戰國初期〔註 33〕，爲魏文侯相，作盡地力之教，富國強兵，又撰著《法經》。其遺教影響商鞅者甚多。論者多謂商鞅用李悝《法經》六篇相秦，或謂商鞅任法重農源於李悝。錢穆先生於《先秦諸子繫年・商鞅考》更進而指出商鞅承自李悝者有二：一是商鞅令民什伍相牧司連坐，受之於李悝《法經》。二是商鞅開阡陌封疆，受之於李悝盡地力之教。錢先生之說，已明

〔註33〕李悝或李克，在史籍的記載裏，曾分別以二個名字記述過，然近代學者多認爲此二名實同一人。其理由王曉波有申論。參見王著，《先秦法家思想史論》，頁 93～94。

言二人的傳承關係，但未論述內容大要。故今加以說明，以明其梗概。此外，對錢先生未論及，而李悝影響商鞅有跡可循者，亦加以補充。以下茲分五端敘述：

（一）創法經

李悝著有《法經》，《晉書・刑法志》云：

> 是時（魏）承用秦漢舊律，其文起自魏文侯李悝。悝撰次諸國法，著法經，以爲王者之政莫急於盜賊，故其律始於盜賊。盜賊須劾捕，故著網捕二篇。其輕狡越城，博戲，借假不廉，淫侈踰制，以爲雜律一篇。又以其律具其加減，是故所著六篇而已。然皆罪名之制也。商君受之以相秦。

《唐律疏義》，卷一亦曰：

> 魏文侯師於李悝，集諸國刑典，造法經六篇。一盜法，二賊法，三囚法，四捕法，五雜法，六具法。商鞅傳授改法爲律。

根據上列引文，《法經》是集諸國刑典的大成，內容分六篇，較鄭刑書、晉刑鼎進步，並開我國成文法的先河〔註34〕。商鞅所制秦律即本於此。〔註35〕

（二）什伍連坐制

前述錢穆先生指出商鞅相牧司連坐，受之於李悝《法經》，由於《法經》已佚，黃奭《漢學堂叢書》今本則爲僞書，所以已難考徵〔註36〕。唯黎明釗先生〈秦代什伍連坐制度之淵源問題〉一文，頗有發揮錢先生之說處。筆者歸納其所持論證有二：

1. 據明董說《七國考》引桓譚《新論》的《法經》逸文。發現其間凡個人犯罪，刑及家人的條文有二：

> 〈正律〉曰：「殺人者誅，籍其家，及其妻氏，殺二人，及其母氏。」
> 〈雜律〉曰：「盜符者誅，籍其家，盜璽者誅，議國法者誅，籍其家，及其妻氏，曰狡禁。」

集體罪行，誅連鄉、族的條文有一：

〔註34〕韓非主「憲令著於官府」之成文法，即淵源於此。
〔註35〕陳啓天指出：《法經》一面集諸國刑典的大成，而制爲一個有系統的法典，又一面爲秦律的淵源，負有承先啓後的雙重功用。收錄同註26，頁49。
〔註36〕黃奭《漢學堂叢書》今本爲僞書，說見黎明釗，〈秦代什伍連坐制度之淵源問題〉一文。

〈雜律〉曰：「越城一人則誅，自十人以上夷其鄉及族。」

2.認為商鞅不是單一的接受李悝《法經》之制，而是綜合過去所施行的連坐制度。因此，其追溯連坐制的淵源，在春秋時已有。例如：《春秋左氏傳·襄公二十三年》記載：「晉人克欒盈于曲沃，盡殺欒氏族黨。」《史記·楚世家》記載楚靈王十二年，國亂被棄，求食於銷人曰：「新王下法，有敢饟王從王者，罪及三族。」所以，李悝撰次諸國法，著《法經》，必然曾收集族刑及夷三族之法。

因此，論者就《七國考》的律文，認為商鞅絕有可能在獻公「戶籍相伍」基礎上，吸收李悝連坐的政策而擴充為「什伍牧司相連坐」的制度。又據上列第二點論證，假設即使董說所引《法經》逸文為偽作，但商鞅參考列國施行夷三族與族刑制度，進一步發展為「令民為什伍，而相牧司連坐」的告姦法仍是無疑的。

由於董說《七國考》引《法經》逸文，其真偽學者仍多爭議，此點黎先生亦已言及。如楊寬先生斥其為偽〔註37〕，張警先生則視其為真〔註38〕。所以，本文舉黎先生論商鞅相牧司連坐受李悝《法經》影響的證據，乃藉供參考，苟非有新史料出現，仍未可遽作定論。但商鞅擷擇前人或列國的經驗以成其制，則應無異議。

（三）盡地力

李悝的重農政策，可由《漢書·食貨志》的記載得知。其言曰：

> 至於戰國，貴詐力而賤仁誼，先富有而後禮讓。是時李悝為魏文侯作盡地力之教；以為地方百里，提封九萬頃，除山澤邑居參分去一，為田六百萬畝，治田勤謹則畝益三升，不勤則損亦如之。地方百里之增減，輒粟百八十萬石矣。

據此，其以「益三斗」之策，鼓勵農民盡地力。而後，商鞅變法主張「為田

〔註37〕楊寬所持理由有三：一是《新論》亡于南宋時，而董引《法經》逸文不見于各家類書稱引，不知所云。二是所引律文內容與《晉書·刑法志》所言《法經》分篇不合。三是所言官制與魏文侯時制度不合。所以可能出自董說偽造。此說轉引自《七國考訂補》，頁700。

〔註38〕張警認為「《七國考》這段《法經》條引文，是有來歷的，其中所引的原始資料，是戰國時文體，而且也深切當時魏國的法制掌故，決非董說所偽造，也決非董說所能偽造。」此說轉引自黎明釗，《秦代什伍連坐制度之淵源問題》一文。

開阡陌封疆」，將阡陌闢爲田地，增加生產，即承自李悝盡地力之教。

（四）平糴法

李悝藉「平糴法」穩定經濟，其言曰：

> 「糴甚貴傷民，甚賤傷農。民傷則離散，農傷則國貧。故甚貴與甚
> 賤，其傷一也。善爲國者，使民無傷，而農益勸。……善平糴者，
> 必謹觀歲有上中下熟。……大熟則上糴三而舍一，中熟則糴二，下
> 熟則糴一，使民適足，賈平則止。小饑則發小熟之所斂，中饑則發
> 中熟之所斂，大饑則發大熟之所斂而糴之。故雖遇饑饉水旱，糴不
> 貴而民不散，取有餘以補不足也。」行之魏國，國以富彊。（《漢書·
> 食貨志》）

由上可知，在上者依農歲的差異，適量買入穀類，一方面可禁止人民乘穀賤
囤積居奇，一方面於饑饉時，則可以糴入之穀調劑民食。因此，平糴法最要
者在杜絕賈人謀利，使農、民兩不傷。

至商鞅則極端壓抑商人，其言曰：

> 商無得糴，則多歲不加樂，多歲不加樂，則饑歲無裕利。無裕利則
> 商怯，商怯則欲農。（《商君書·墾令篇》）

商鞅令「商無得糴」的目的在使國人務農，與李悝「平糴法」在平衡物價不
同。但其困末利以利本事的方法，應受李悝平糴法的啓示。

（五）裁抑貴族

根據劉向《說苑》，卷七記載，李悝有裁抑貴族的事跡。其言曰：

> 魏文侯問李克曰：爲國如何？對曰：臣聞爲國之道食有勞而祿有功，
> 使有能而賞必行，罰必當。文侯曰：吾賞罰皆當而民不與，何也？
> 對曰：國其有淫民乎？臣聞之曰：奪淫民之祿以來四方之士，其父
> 有功而祿，其子無功而食之，出則乘車馬衣美裘，以爲榮華，入則
> 脩竿瑟鐘石之聲而安其子女之樂，以亂鄉曲之教，如此者，奪其祿
> 以來四方之士，此之謂奪淫民也。

由此可知，李悝視不勞而獲的貴族子弟爲淫民，主張奪其祿以來四方之民。

商鞅亦有類似見解。其言曰：

> 祿厚而稅多，食口眾者，敗農者也。則以其食口之數，賦而重使之，
> 則辟淫游惰之民無所於食。無所於食則必農，農則草必墾矣。（《商
> 君書·墾令篇》）

此段指貴族卿士之家，所得俸祿厚，食邑稅收多，因而游惰坐食的子弟眾多。所以應依照游惰坐食的人數，計口收稅，並增加其勞役，使其無從得到食物而務農。

商鞅令貴族子弟務農，與李悝奪淫民的動機不盡相同。但二人反對貴族坐享其成的態度則若合符節。因此，商鞅政策或受李悝的影響應無可疑。

四、吳　起

吳起是戰國衛人，與商鞅同邦土。初為魯將，繼又為魏將守西河，其後相楚悼王。《史記・吳起列傳》稱其：「明法審令，捐不急之官，廢公族疏遠者，以撫養戰鬥之士，要在強兵，破馳說之言縱橫者。」由此可知，吳起重法、強兵、廢公族，為兵家兼法家之代表人物。

至於吳起對商鞅的影響，錢穆先生於《先秦諸子繫年・商鞅考》指出有二點：一是商鞅立木南門，為吳起償表故智。二是商鞅遷議令者邊城，為吳起令貴人實廣虛之地之意。今就錢先生所示，明其大要。至於其它措施，二人有若合符節者，亦加以補充。以下茲分四端論述：

（一）立　信

這是就商鞅立木南門取吳起償表故智而言。吳起償表始末，據《呂氏春秋・愼子篇》曰：

> 吳起治西河，欲諭其信於民，夜日置表於南門之外，令於邑中曰：「明日有人能償南門之外表者，仕長大夫。」明天日晏矣，莫有償表者。民相謂曰：「此必不信矣。」有一人曰：「試往償表，不得賞而已，何傷？」往償表來償吳起。起自見而出，仕之長大夫。夜日又復立表，又令於邑中如前，邑人守門爭表，表加植，不得所賞。自是之後，民信吳起之賞罰，賞罰信乎民，何事不成，豈獨兵哉？

根據此段記載，吳起償表動機在「諭其信於民」，使民無疑慮，專一行事。

吳起立信之事，除償表南門外，據《韓非子・內儲說上》的記載，尚有「徙車轅於南門」與「徙石赤菽於西門」二者。其言曰：

> 吳起為魏武侯西河之守，秦有小亭臨境，吳起欲攻之，不去則甚害田者，去之則不足以徵甲兵。於是乃倚一車轅於北門之外，而令之曰：「有能徙此於南門之外者，賜之上田上宅。」人莫之徙也。及有徙者，還賜之如令。俄又置一石赤菽於東門之外，而令之曰：「有

> 能徙此於西門之外者，賜之如初。」人爭徙之。乃下令曰：「明日且
> 攻亭，有能先登者，仕之國大夫，賜之上田上宅。」人爭趨之。於
> 是攻亭，一朝而拔之。

細觀上列吳起立信事蹟，其頗能體悟「民無信不立」的重要性。所以，以賞
示信於民，使民因賞罰之必行而爲國用。至於商鞅變法，令既具未布，恐民
不信，亦立木南門以示信。《史記‧商君列傳》記載曰：

> 乃立三丈之木於國都市南門，募民有能徙置北門者，予十金。民怪
> 之，莫敢徙。復曰：能徙者，予五十金。有一人徙之，輒予五十金，
> 以明不欺。

商鞅秉政，立木南門，與吳起償表、徙車轅、徙石赤菽示信，如出一轍。故
洪邁《容齋四筆》，卷六〈徙木償表〉一則曰：「予謂鞅本魏人，其徙木示信，
蓋以效起。」誠非烏有。

（二）實廣虛之地

這是就商鞅遷議令者邊城，取吳起令貴人實廣虛之地之意而言。有關吳
起令貴人實廣虛之地的記載，見於《呂氏春秋‧貴卒篇》，其言曰：

> 吳起謂荊王曰：「荊所有餘者地也，所不足者民也。今君王以所不
> 足，益所有餘，臣不得而爲也。」于是令貴人往實廣虛之地，皆甚
> 苦之。

由此可知，楚居蠻荒之地，土地多而耕者少。因而令貴人墾之。

至於商鞅遣民於邊城的記載，見《史記‧商君列傳》，其言曰：

> 秦民初言令不便者，有來言令便者。衛鞅曰：此亂化之民也，盡遷
> 之邊城。

據此，可知商鞅將亂化之民遷於邊城。所謂「亂化之民」，指商鞅變法，批評
法令不便，待鄉邑大治，其又稱便的人。因其議令，有礙法之推行，故商鞅
將其盡遷於邊城實廣虛之地，承襲吳起之跡甚明。

（三）裁抑貴族

吳起用以實廣虛之地的對象爲貴族，顯然有裁抑貴族的動機。若觀《韓
非子‧和氏篇》記載吳起勸告楚悼王之語，則其廢公族的意旨更加明白。其
言曰：

> 大臣太重，封君太眾，若此，則上偪主，而下虐民，此貧國弱兵之

道也。不如使封君之子孫，三世而收爵祿，裁減百吏之祿秩，損不
急之枝官，以奉選練之士。

由此可見吳起抑止貴臣，裁汰冗員，收其爵祿。至於商鞅也有裁抑貴族之舉，
說已見李悝項下。此爲法家不別親疏、不殊貴賤的一貫作風，前後影響，不
言而喻。

（四）什伍連坐制

根據《通典》引吳起教戰法，有「鄉里相比，什伍相保」一文〔註39〕。
然而，因吳起書不存，已難考其具體內容。不過，因連坐制由來已久，商鞅
的什伍連坐實參酌諸說而成。其中或許亦包括吳起的「什伍相保」政策。所
以，列此項以供參考。

綜觀前述，商鞅思想有淵源於管仲、子產、李悝、吳起之處。但就客觀
義理而言，商鞅學說雖有所本，然其意義更爲豐富，不爲前期法家所囿限。
至於先秦諸家多人，何以商鞅獨對前期法家有不同程度的接受，對社會現象
的關注點又不謀而合。此則涉及商鞅的人格特質，將於下節探討。

第四節　個人人格的特質

近代心理學家曾分析說：「人格是個體與其環境交互作用的過程中所形成
的一種獨特的身心組織。而此一變動緩慢的組織使個體適應環境時，在需要
動機、興趣、態度、價值觀念、氣質、性向、外交及生理等諸方面，各有其
不同於其他個體之處。」〔註40〕所以，人格決定個人對環境適應的獨特性。
換言之，即人格特質支配行爲反應。

事實上，早在一千多年前，太史公已有類似理念。他曾批評商鞅爲「天
資刻薄人也」，蓋就太史公立場所見，商鞅終其一生所爲，不外刻薄寡恩。因
而據此推論商鞅天資特色。所以，太史公已認爲天資與行爲間有因果關係。
至於太史公所謂的天資，與心理學家所說的人格，意旨幾乎相通。由此可見，
個人人格特質，顯然是導致思想紛歧的重要因素。因此，本節由商鞅人格的
探索，尋繹其反人文觀形成的內緣。

至於本節依據的材料，是參考太史公評商鞅天資刻薄的四點理由：（一）

〔註39〕此說出自錢穆，《先秦諸子繫年·商鞅考》，頁 227。
〔註40〕見陳仲庚、張雨新《人格心理學》，頁 44～45。

因由嬖臣。（二）刑公子虔。（三）欺魏將印。（四）不師趙良之言〔註41〕。其中「刑公子虔」、「不師趙良之言」二者，一準於法，爲法家必然行徑，較難考其人格特色。而「因由嬖臣」、「欺魏將印」二者，非緣於法，爲其意所欲爲，故擇此二者探討其人格。

一、急功近利

急功近利是就「因由嬖臣」的行爲所下的論斷。所謂「因由嬖臣」係指商鞅由魏入秦，藉嬖人景監求見孝公，進身不正。此舉趙良首發議論云：

> 夫五羖大夫，荊之鄙人也。聞秦繆公之賢，而願望見。行而無資，自粥於秦客，被褐食牛。期年，繆公知之，舉之牛口之下，而加之百姓之上，秦國莫敢望焉。……今君之見秦王也，因嬖人景監以爲主，非所以爲名也……。（《史記‧商君列傳》）

依趙氏之言，認爲商鞅藉景監引見，毫無光采，顯然對此舉頗有貶意。有關景監人品，已無從考徵，不過，我國歷來對宦者本多存有鄙意，司馬遷〈報任少卿書〉即言：

> 昔衛靈公與雍渠載，孔子適陳；商鞅因景監見，趙良寒心；同子參乘，袁絲變色。自古而恥之。（《漢書‧司馬遷傳》）

根據司馬遷所舉三例，可知自古以來宦者即爲人鄙視。若從殘害身體的角度究其原因，則誠如《孝經‧開宗明義章》所謂：「身體髮膚，受之父母，不敢毀傷，孝之始也。」嬖臣既毀傷己身，自然不孝，故爲人所不恥。

然而，王曉波先生認爲商鞅因嬖臣景監晉見孝公，實不得已，其言曰：

> 毫無憑藉的平民，如商君雖爲衛公子，曾相公叔痤，但在秦卻無朝中之人可以提拔他，故也只能因嬖臣而晉見。（《先秦法家思想史論》，頁155）

姑不論商鞅因嬖臣景監晉見孝公的是與非。若與賢人百里奚被舉於牛口之事相比。一則見商鞅去魏至秦，汲汲營營因由嬖臣。一則見百里奚尊賢入秦，淡薄名利，行而無資，則自粥於秦客。據此，已突顯了商鞅的人格特質在以才自見，急功近利。

〔註41〕出自《史記‧商君列傳》太史公曰。本文以太史公曰爲探討商鞅人格的材料，是因司馬遷本「善序事理，辨而不華，質而不俚，其文直，其事核，不虛美，不隱惡」的史筆撰述《史記》。篇末「太史公曰」則寓褒貶、斷是非，批判嚴明，每爲千古不易之論，故以此爲主。

二、刻薄寡恩

刻薄寡恩是就「欺魏將印」的行徑所下的論斷。商鞅伐魏的動機，據《史記·商君列傳》記載曰：

> 衛鞅說孝公曰。秦之與魏，譬若人之有腹心疾。非魏并秦，秦即并魏。何者。魏居嶺阨之西。都安邑。與秦界河。而獨擅山東之利。利則西侵秦，病則東收地，今以君之賢聖，國賴以盛。而魏往年大破於齊，諸侯畔之。可因此時伐魏，魏不支秦，必東徙。東徙，秦據河山之固，東鄉以制諸侯，此帝王之業也。

司馬光《資治通鑑》記載與此同。細推此段涵義，商鞅攻魏，肇端有二：一是地緣關係，秦視魏有如心腹之疾，必除而後安。二是欲趁人之危，攻城略地〔註42〕。二者皆不離富國強兵政策。

商鞅既伐魏，遂出詭計，欺魏將印，《史記·商君列傳》記載其始末曰：

> 使衛鞅將而伐魏，魏使公子卬將而擊之，軍既相距。衛鞅遺魏將公子卬書曰：「吾始與公子驩，今俱為兩國將，不忍相攻，可與公子面相見盟。樂飲而罷兵，以安秦魏。」魏公子卬以為然，會盟已飲，而衛鞅伏甲士而襲虜魏公子卬，因攻其軍，盡破之以歸秦。

《資治通鑑》、《呂氏春秋·無義篇》記載與上同。據此，可知商鞅因入秦前曾仕魏，故與統率魏軍的魏公子卬相熟。遂藉故舊之誼欺騙魏卬，導致魏國全軍覆沒。

商鞅欺魏將印，歷來學者有正反面批評。王曉波先生即持正面評價，其言曰：

> 欺魏將印是兵不厭詐，這應該是商君的善用兵。（《先秦法家思想史論》，頁155）

而斥此舉者，如太史公曰：

> 足發明商君之少恩。（《史記·商君列傳》太史公曰）

王先生之說，是從《孫子兵法·計篇》：「兵者，詭道也。」衍生而來。詭道係指權謀奇計的謀略。孫子的心戰謀略，主要是洞悉敵人利害關鍵及弱點，

〔註42〕就《史記·魏世家》與〈孫子吳起列傳〉記載，魏惠王二十八年（西元前343年），魏使龐涓伐韓，五戰五勝。韓請救於齊，齊使田忌為將，孫臏為師，聲言襲魏都以救韓。龐涓去魏奔命，魏更起境內眾，使太子申將以禦齊。齊師入魏境，故示怯弱，以誘魏逐利，龐涓果棄其步軍，率輕騎倍日并行逐之，齊伏兵馬陵，魏師暮夜至，萬弩驟發，魏師大亂相失，龐涓死。齊乘勝大破魏，虜太子申。十萬雄師，一朝覆沒，魏元氣因而彫悴，一蹶不振。

運用外交、宣傳、離間手段，形成敵人內部混亂崩潰，使未戰之前，已決定勝敗〔註43〕。王先生以商鞅欺魏將爲謀略的運用。然而，事實上，商鞅欺魏將印，既非宣傳、離間，又不屬外交手段〔註44〕。係欺騙朋友，再乘隙攻魏，實不必勉強將其歸爲謀略。所以，由此處可窺見商鞅爲達目的，不惜欺友的刻薄寡恩特質。

　　至於蘇轍《古史・商君列傳》亦曾評商鞅欺魏將印以取河西之地，是「利之所在無所復顧」。觀其言，係指商鞅純以利害爲衡量事物標準，因而不顧朋友。由此亦可見商鞅急功近利與刻薄寡恩的人格特質，又糾結爲一。

　　綜觀前論，由於商鞅的急功近利，因此求仕無節、待友譎詐。因刻薄寡恩，所以背叛祖國、襲虜友朋。但是，因爲他急功近利與刻薄寡恩的人格特質，多表現在秦的富國強兵政策上，所以前人對其亦有推崇之意。如劉向曰：

　　　商君極身無二慮，盡公不顧私。（《史記商君列傳》裴駰《集解》引

　　　劉向《新序》文）

劉向的贊譽與太史公的貶責判然兩極。此處舉劉向評語，是欲證明商鞅的「極身無二慮，盡公不顧私」精神，亦不違其人格特質。

　　蓋商鞅盡公，表現在富國強兵。事實上，富國強兵即其個人志業所在。所以，盡公與重私並不衝突。而且，商鞅的成敗與國之富強與否休戚相關，爲達其目的，遂強行嚴刑峻法，以致蓄怨積讎。因此，商鞅的富國強兵表面看似盡公，本質上亦爲循私重刑。商鞅的嚴刑峻法，表面看似極身無二慮，本質實則刻薄寡恩與急功。

　　總而言之，商鞅有急功近利與刻薄寡恩的人格特質，已不容置疑。此偏狹的特質，遂導致他爲追逐眼前名利而不擇手段芻狗人民。據此以觀，商鞅人格特質是其反人文觀形成的重要內因是一。

　　事實上，探討商鞅反人文觀形成的背景，有其困難。因一種觀念、思想的形成，本由眾多因素交織而成。就淵源於前人思想而言，有直接與間接者。商鞅本人或者亦未能一一指陳，遑論距今二千餘年，史料文獻有限的研究者，更無法周全。本章列舉四節分四項論述商鞅反人文觀可能的形成背景，是就其犖犖大者立論，至於其它因素，限於聞見，因而暫略。

〔註43〕參見張其昀《中華五千年史》第七冊，頁152。
〔註44〕筆者以爲商鞅是以私人立場，邀魏公子印相見盟，純屬私人情誼，而非外交。

第三章　商鞅反人文觀的理論基礎

　　根據前輩學者的研究成果，得知商鞅一切思想均來自對歷史及人性的詮釋，故力倡變法圖強，主張以法為體，以刑為用，以農戰為主，以治強為務。所以，歷史觀、人性觀、法治觀和以農戰為主的國家觀是商鞅學說的主體架構。此外，其法治觀並受名實思想左右，名實觀在學說中亦舉足輕重〔註1〕。若進窺歷史觀、人性觀、法治觀、國家觀、名實觀，可發現其衍生的應世原則或策略，皆不約而同的呈現反人文跡象，且適足以支持反人文的發展實踐。因此，本章試析商鞅學說的歷史觀、人性觀、法治觀、國家觀、名實觀內涵，探求其演為反人文的根本緣由，證實歷史觀等五端，是反人觀的理論基礎。

第一節　歷史觀

　　據《史記·商君列傳》與《商君書》分析，商鞅所持者是進化的歷史觀，或稱演變不復的歷史觀。所以商鞅肯定歷史的變嬗，認為制度在歷史的變動中必然要與時推移。於是順此衍生了變古與反古的措施，視禮樂詩書為六蝨〔註2〕，而有尚法紬禮之說。

〔註1〕　此觀點得自劉師文起啟示。其後，筆者在收集資料過程中發現學者對商鞅學說的研究，大多忽略名實問題。然而其確實為商鞅法治的重要依據。由於劉師文起的啟發是探討名實問題的關鍵，特誌於此。

〔註2〕　《商君書》有關六蝨的言論有二種不同說法：
　　　　一是〈去彊篇〉言：「農、商、官三者，國之常官也。三官者生蝨官者六：曰歲、曰食、曰美、曰好、曰志、曰行，六者有樸必削。」〈弱民篇〉亦有相同記載。據朱師軾注：「歲謂偷惰歲功，食謂暴棄食物，皆有害於農。美謂美衣

　　假若我們承認儒家以禮為中心的五倫之教是強調做人道理，而使中華文化具有強烈的人文意識〔註3〕。那麼，商鞅由進化歷史觀而生的反古斥禮思想，已破壞倫常統序的維繫紐帶，實有反人文的趨勢。因此，本文分二個層次論述，首先探討商鞅歷史觀的梗概，復次，說明歷史觀的應世舉措，並分析其實質內涵，以明歷史觀為反人文觀的基礎。

一、進化的歷史觀

　　商鞅的歷史觀由〈開塞篇〉記載的三世之說，可窺其大略，其言曰：

> 天地設而民生之，當此之時也，民知其母而不知其父，其道親親而愛私；親親則別，愛私則險，民眾而以別險為務，則民亂；當此時也，民務勝而力征，務勝則爭，力征則訟，訟而無正，則莫得其性也。故賢者立中正，設無私，而民說仁；當此時也，親親廢，上賢立矣。凡仁者以愛為務，而賢者以相出為道，民眾而無制，久而相出為道，則有亂。故聖人承之，作為土地貨財男女之分；分定而無

食，好謂重玩好，皆有害於商。志謂暴慢之志，行謂貪污之行，皆有害於官。」所以，六蝨指歲、行、美、好、志、行六者。
二是〈靳令篇〉言：「六蝨，曰禮樂、曰詩書、曰修善、曰孝弟、曰誠信、曰貞廉、曰仁義、曰非兵、曰羞戰。國有十二者，上無使農戰，必貧至削。」所以，六蝨指禮樂、詩書等十二者。
主第一說者有俞樾《諸子評議》，他認為〈靳令篇〉的六蝨是衍文。因上言六蝨，下言十二者，而中列九事，於數皆不合。遂主六蝨之文以〈去彊篇〉最得。
主第二說者有簡書《商君書箋正》，其理由有二：
(1)〈去彊篇〉言「生蝨官者六」，指三官所生為官之蝨者六事，非曾謂此即六蝨。
(2)引〈靳令篇〉「以六蝨授官與爵」及「六蝨不用」等語，反駁俞說。指出：以志、行、玩、好授官爵猶可，以歲、食授官爵則不可通。
因此，主張以歲、食等為六蝨，轉不若以詩書禮樂等較近實情。
筆者從簡說。因六蝨究為何六事，由於《商君書》引用不一，又雜以舛誤，已無從考徵。然而，第一說言歲、食、美、好、志、行六者，非唯法家視為寄生害蟲，即諸子百家、販夫走卒對不勞而獲者，亦不能苟同。若視此為六蝨，雖未必有誤，但不能配合商鞅變法的主張。故持第二說，以見其思想特色。

〔註3〕程發軔說：「人與人的關係分為五類，每類有彼此相處的道理，稱為五教，如父子有親：即父母要慈愛，子女要孝順，這是人類的天性，也是五教的起點。……這五倫之教，最現實，最踏地，是教我們『做人』的，……我們的祖宗，在各國崇拜神權的時候，已認清人的地位，並確定了五倫之教，為做人的道理。」轉引自李威熊《中國文化精神的探索》，頁173。

制不可，故立禁；禁立而莫之司不可，故立官；官設莫之一不可，

故立君；既立君，則上賢廢，而貴貴立矣。

商鞅就其對歷史的理解，將其分作上世、中世、下世三階段。造成歷史變動的因素，或「民眾而以別險為務」，或「民眾而無制」。易言之，即導於亂，遂由上世轉入中世，中世轉入下世。由於時變，制度亦因時而異，從親親而尚賢而貴貴尊官。可見其所持者是歷史演化的觀念。至於〈畫策篇〉記載昊英之世、神農之世、黃帝之世，世異則事異的現象，可與三世之說的觀點相發明。〔註4〕

其後，韓非同樣以三世敘述歷史的變遷，《韓非子・五蠹篇》言曰：

上古競於道德，中世逐於智謀，當今爭於氣力。

比較二者的三世之說重點各異。宇野精一指出：韓非的歷史觀並非關於君主或國家之成立與本質的問題，乃為一種適應社會環境的政策或術策，而《商君書》的歷史觀論社會機構本身的變遷，重於論社會環境的問題。所以商鞅的特色在君主的成立論〔註5〕。其理想在君主的成立，而藉三世之說強調其合宜性。

了解三世之說的大要後，三世遞變的真確性，亦引起學者的探究。馮友蘭、羅根澤二位先生首先將其與歷史實況比照〔註6〕，歸納其要旨有二：一則認為三世之說雖未必與歷史一一符合，然大體不甚相遠。再者，認為《商君書》作者所處的時代正為戰國末期的下世。

第一點賀凌虛先生持有異議，以為三世之說與歷史不甚遠，毋寧說不甚相符。〔註7〕

筆者礙於識見，無以考見三世之說與史實的確切關係。然而，將三世之

〔註4〕〈畫策篇〉言：「昔者昊英之世，以伐木殺獸，人民少而木獸多。黃帝之世，不麛不卵，官無供備之民，死不得用槨。事不同，皆王者，時異也。神農之世，男耕而食，婦織而衣，刑政不用而治，甲兵不起而王。神農既沒，以彊勝弱，以眾暴寡。故黃帝作為君臣上下之義，父子兄弟之禮，夫婦妃匹之合；內行刀鋸，外用甲兵，故時變也。」

〔註5〕參見宇野精一主編、林茂松譯《中國思想三》，頁147～149。

〔註6〕馮先生之說見馮友蘭《中國哲學史》第二卷，頁295。羅先生之說見〈晚周諸子反古考〉一文，收錄於《古史辨》第六冊，頁29～30。

〔註7〕賀凌虛指出：《商君書》所提出的社會演變三階段，所謂「天地設而民生之，當此之時也，民知其母而不知其父。」與近代西方古典派社會演化論者所得出人類最初的婚姻階段是雜交的結論一樣。其餘則與史實不符。詳見〈商君書及其基本思想析論〉一文，收錄於《商君書今註今譯》，頁232。

說與歷史現象比照，審視其眞實性，應非探討三世之說的重點。因商鞅是從「世事變而行道異」的目的出發，挑選過去時間中，無限經驗事實的部分，建構其理論體系，大抵在揭櫫歷史的演化與制度的因時制宜。因此，所言的三世是否與史實相符，實屬次要問題。故本文只藉三世之說探討商鞅的進化歷史觀，明其主旨而已。

第二點則王曉波先生持有異說〔註8〕，其指出：下世是指將來臨的時代，而他所自覺的現在乃是一向下世過渡的時期。其論據有二：

一是〈壹言篇〉記載曰：「故聖人之爲國也，不法古，不修今，因世而爲之治，度俗而爲之法。」

二是〈開塞篇〉記載曰：「聖人不法古，不修今；法古則後於時，修今則塞於勢。」

於是得知當時的「今」還在「上賢而說仁」的末期，「修今」就是修「上賢而說仁」的「今」。下世實爲將來臨的新時代。其說甚是，筆者從之。

商鞅強調歷史的演變不復，實則，變是歷史的永恒性質，歷代思想家無不承認歷史的變動性〔註9〕。然而，據羅根澤先生〈晚周諸子反古考〉一文分析，先秦儒、墨、道諸家，雖承認歷史演變的事實，但所持的歷史觀與商鞅殊異。因此，若比較商鞅與諸子的異同，更有助於明瞭商鞅進化歷史觀的大略。所以，以下仿羅先生之文，考徵原典，簡述儒、墨、道三家歷史觀梗概。

儒家孔子「祖述堯舜，憲章文武」（《中庸·第三十章》），夏、殷之禮，文獻不足。而鑑於夏殷二代的周制，郁郁乎文哉。於是欲將西周之禮制重演於東周〔註10〕。希望回復到「天下有道，則禮樂征伐自天子出。」（《論語·季氏篇》）的盛況。所以，畏於匡時說：「文王既沒，文不在茲乎！」（《論語·子罕篇》）自覺衰老時，則嘆道：「甚矣、吾衰矣！久矣、吾不復夢見周公！」（《論語·述而篇》）可見他欲恢復周制的心意。

墨家的墨子「學儒者之業，受孔子之術。以爲其禮煩擾而不悅，厚葬糜財而貧民，久服傷生而害事」（《淮南子·要略篇》），故思改革孔子所計畫恢復之周制，而代以節用尚儉的樸素制度。因此，評擊儒者「所謂古之言服者，

〔註8〕 見王曉波《先秦法家思想史論》，頁163。賀凌虛亦從之。收錄同註7。
〔註9〕 詳見林載爵〈天道變易、世運始終──歷史思想中的發展觀念〉，收錄於《天道與人道》，頁9～76。
〔註10〕 《論語·八佾篇》曰：「周監於二代，郁郁乎文哉！吾從周。」

皆嘗新矣，而古人言之服之，則非君子也。然則必服非君子之服，言非君子之言，而後仁乎？」（《墨子·非儒下篇》）並舉商王紂、費仲與箕子同時，周公旦與關叔同時，而或聖或暴爲證，謂「然則不在古服與古言矣。」（《墨子·公孟篇》）所以他反古以破孔子之制。

而後，墨子建立己制，因鑑於「世俗之人，多尊古而賤今，故爲道著必託之於神農黃帝而後能入說。」（《淮南子·修務篇》）所以必託之於古，於是「背周道而用夏政」（《淮南子·要略篇》）。原因是「禹之時天下大水，禹身執虆垂以爲民先。……當此之時，燒不暇撌，濡不給扢，死陵者葬陵，死澤者葬澤，故節財薄葬閑服生焉。」（《淮南子·要略篇》）並據此指摘儒者「法周而未法夏，子之古非古也。」（《墨子·公孟篇》）這是反西周的近古，而法夏的託古改制。

道家老子體驗「大道廢，有仁義；慧智出，有大僞；六親不和，有孝慈；國家昏亂，有忠臣。」（《老子·第十八章》）的文明毒素，於是主張絕聖棄智，絕仁棄義，絕巧棄利〔註11〕，清心寡欲，復歸自然。因此，其認爲理想的政治是「小國寡民，使有什佰之器而不用，使民重死而不遠徙。雖有舟輿，無所乘之；雖有甲兵，無所陳之；使人復結繩而用之。甘其食，美其服，安其居，樂其俗，鄰國相望，雞犬之聲相聞，民至老死不相往來。」（《老子·第八十章》）此原始的自然社會在歷史上未曾出現，更是託古改制了。

以上儒、墨、道家無不相信歷史的演變，又認爲歷史的演變可加以回復，所持者爲演變可復的歷史觀〔註12〕。因此，對東周現狀的回應，不外採復古改制及託古改制的方式。是以孔子欲回復西周禮制，墨子背周道用夏政，老子則依託於上古社會。與商鞅欲擺脫古聖先王束縛，一切制度與時推移者不同。相形之下，商鞅的改革之道顯然爲進化的歷史觀。

二、變古與反古

商鞅持進化歷史觀，認爲人君不宜墨守成規，遂提出變古與反古的主張。

（一）變　古

《商君書·更法篇》與《史記·商君列傳》記載了秦孝公欲變法以治，

〔註11〕《老子·第十九章》曰：「絕聖棄智，民利百倍；絕仁棄義，民復孝慈；絕巧棄利，盜賊無有。」
〔註12〕此觀點引用賀凌虛的說法，出處參見註7。

與商鞅、甘龍、杜摯三大夫商討策畫的內容。其間甘龍、杜摯主張依循舊日法度，而商鞅力倡變古，其重要言論摘錄如下：

> 三代不同禮而王，五霸不同法而霸。……前世不同教，何古之法？帝王不相復，何禮之循？伏羲、神農，教而不誅；黃帝、堯、舜，誅而不怒。及至文、武，各當時而立法，因事而制禮，禮法以時而定，制令各順其宜，兵甲器備，各便其用。臣故曰：治世不一道，便國不必法古。湯武之王也，不循古而興；殷夏之滅也，不易禮而亡。然則反古者未可必非，循禮者未足多是也。

商鞅根據歷史例證，即伏羲、神農時無刑罰，黃帝、堯、舜時有刑罰，進至文、武時則立法制禮，得出「治世不一道，便國不必法古」的結論。並以湯武之王、殷夏之滅，說明「循禮者未足多是」，支持他「禮法以時而定，制令各順其宜」之說。

至於商鞅變古的原因，可歸納爲二端：

一是因時勢不同，若因襲不合時宜的舊制度，必窒礙難行。如〈算地篇〉記載曰：

> 今世巧而民淫，方倣湯武之時，而行神農之事，以隨世禁，故千乘惑亂。

觀其文意，乃言當今世人多智巧而民俗淫佚，正彷彿湯武之世。而人主不行湯武致彊之道，卻欲以神農的教化方法服民，必導致混亂。

二是制度不與時推移，則不能適應時代需要。如〈壹言篇〉記載曰：

> 上法古而得其塞，下修今而不時移，而不明世俗之變，不察治民之情。

可見法古則跟不上時代需求，脩今則拘泥成法，跟不上時勢發展。因此，鄭良樹先生於《商鞅及其學派》後編第二章中指出：此言不僅責斥了「法古」的社會舊分子，而且也斥責了「安其故而不闚於時」的法家。

總而言之，一國法制既不必師法古昔，亦不必依循現在，應有隨時勢變遷而修改的彈性。所以，〈更法篇〉言「苟可以彊國，不法其故；苟可以利民，不循其禮。」的變古主張，是其應世的重要原則之一。

（二）反 古

此處所言的反古，是商鞅變古主張的延伸，且多針對儒家德治而言。因〈開塞篇〉曰：

> 古之民樸以厚，今之民巧以偽。故效於古者，先德而治；效於今者，
> 前刑而法。

由於順應今民巧偽的時勢，商鞅主張以刑治代替德治。顯然法家刑治與儒家德治衝突。因而對儒家思想有強烈排拒意識，遂衍生反德治即反古的原則。這可由《商君書》多處貶抑儒家禮樂窺其端倪。如〈說民篇〉言曰：

> 辯慧，亂之贊也；禮樂，淫佚之徵也；慈仁，過之母也；任譽，姦
> 之鼠也。

其它相似言論可參見前述六蝨說註解，不另引文。

然而，賀凌虛先生於〈商君書及其基本思想析論〉一文中認為《商君書》雖有變古、反古主張，但並非全盤的變古、反古，其中亦肯定古聖先生之行有足以頌揚，及古制有適用於今之處，其論證有二：

一是《商君書》稱頌古之明君與先王治國之道的言論有三：

> 〈錯法篇〉言曰：「古之明君，錯法而民無邪，舉事而材自練，行賞
> 而兵彊，此三者治之本也。」

> 〈禁使篇〉言曰：「且夫利異而害不同者，先王所以為保也。」

> 〈六法篇逸文〉言曰：「先王當時而立法，度務而制事。」

二是《商君書》稱贊先生定制的言論有二：

> 〈算地篇〉言曰：「故為國任地者，山林居什一，藪澤居什一，谿谷
> 流水居什一，都邑蹊道居什一，惡田居什二，良田居什四，此先王
> 之正律也。」

> 〈徠民篇〉言曰：「地，方百里者，山陵處什一，藪澤處什一，蹊谷
> 流水處什一，都市蹊道處什一，惡田處什二，良二處什四，以此食
> 作夫五萬。其山陵藪澤谿谷可以給其材，都邑蹊道足以處其民，先
> 王制土分民之律也。」

以上二項五條的言論，實為《商君書》揭櫫的理想，卻稱出自「古之明君」、「先王」，足見非徹底變古、反古。

賀先生所言似足以補充本文論述的不足，然筆者有三點說明：

1. 賀先生是以《商君書》為研究對象的立場，提出全書非徹底變古的結論。而筆者是以商鞅為研究對象。

2. 由於立場不同，資料運用遂生差異。賀先生所持的論證出自〈錯法〉、〈禁使〉、〈六法〉、〈算地〉、〈徠民〉諸篇。其中除〈算地篇〉可以視

作商鞅自撰者外，其它各篇實為次要資料。若次要資料的結論與首要
資料〈更法〉、〈農戰〉、〈開塞〉等篇不合時，其結論的真確性仍待斟
酌。

3.又羅根澤先生於〈晚周諸子反古考〉一文中曾言：「上論古人者，應
綜觀全書，抽繹其旨趣所在，倘或捃摭隻言片語，以奮臆懸斷，往往
可得與全書相反之結論。」今《商君書》雖有法古、頌古之言論，但
為數甚少。因此，商鞅為徹底變古、法古者，殆無可疑。

商鞅變古與反古，以外在儀文制度須因事制宜，避免流於僵化，所以斥
周文疲敝後極奢靡荒淫的禮樂。其說本有正面價值，然而，其所以演為反人
文觀的基礎，根本因由有二：

1.將周文疲敝後的禮樂等同於儒家禮樂精神，並加以否定。

2.斥禮立法只是看到歷史演進的表象，實則拋棄歷史的根源。

關於第一點首先要說明的是：商鞅視作淫佚之徵的禮與孔子提倡的禮層
次不同。據《論語・八佾篇》記載，季氏為魯國大夫，竟用八佾於家廟，僭
禮踰分，孔子憤然而言：「是可忍也，孰不可忍也！」又管仲相齊，僭用國君
的樹塞門及行反坫，孔子責備他說：「管氏而知禮，孰不知禮！」（同上）並
對魯國仲孫、叔孫、季孫家祭，用天子祭祀的雍詩，指斥說：「『相維辟公，
天子穆穆』奚取於三家之堂。」（同上）凡此說明了孔子反對不合時宜的禮，
所謂：「禮云禮云，玉帛云乎哉！樂云樂云，鐘鼓云乎哉！」（同上）道出內
心無限的感慨。因此，孔子對不合時宜的禮樂，態度與商鞅一致。

但是孔子並未因此否定禮樂真精神，反欲重開禮樂新機運。關於孔子賦
予禮樂新生命，可就政治社會層面及精神內涵層面說明。〔註13〕

在政治社會層面上：孔子對當時踰越禮分之舉，提出「正名」的撥亂方
法。務使「君君、臣臣、父父、子子」的倫理關係正常化。以期某一身分地
位的人，具備符合其身分的言行。若此，便將原本規範天生名分的禮，擴充
為一般人皆可自行努力修養而得的品格行為。

在精神內涵層面上：孔子賦予禮樂的內在基礎是仁，遂曰：「人而不仁，
如禮何！人而不仁，如樂何！」（《論語・八佾篇》）明示禮樂精神在仁。而禮
樂是行仁的具體行為，故孔子言：「克己復禮為仁」（《論語・顏淵篇》）。

因此，孔子轉化的禮樂，已注入仁的精神，並非流於虛文的禮樂，更非

〔註13〕參見林安弘《儒家禮樂之道德思想》，頁44～51。

淫佚的禮樂能望其項背。然而，商鞅斥荒淫之禮，並進而貶抑儒家禮樂，否定禮樂之教的德治。他之所以如此，似乎是不了解二者層次不同的事實，或有意扭曲禮樂的價值。

由於抹殺儒家禮樂的可行性，相對的即否定人類教化的可能，顯然商鞅視人與禽獸無異。

關於第二點指商鞅立法斥禮，是觀察現實界而忽略本體的舉措。〈更法篇〉言：「三代不同禮而王，五霸不同法而霸。」事實上，三代之禮制是因革損益，是依時制宜、去蕪存菁，而其根本精神則未變。所以儒家肯定歷史的本源法度，而後循序漸進，以期在時勢的變異中源遠流長。誠如《孟子‧離婁下篇》所言曰：

> 原泉混混，不舍晝夜，盈科而後進，放乎四海，有本者如是。是之取爾！苟為無本，七八月之間雨集，溝澮皆盈，其固也，可立而待也。

雖其本意言君子之學應有本源，不可作浮光掠影之談。然孟子之法先王，亦與此觀念相符。

反觀商鞅看到歷史演進的表象，不知歷史根源仍一脈相傳。因而否定先王禮樂，斬斷歷史文化。不但否定人類獨有的文化傳承，也相對抹殺了人的價值。

第二節　人性觀 [註14]

商鞅強調人性是自利的，這與行為學派的學者認為無論人或動物，其行

[註14]《商君書》提到「民之情」、「民之性」約有九目。其中情、性之意相通。商鞅所言的民性，林義正視其專指人民而言，因而提出商鞅的人性論有民性、君性之別。賀凌虛曾加以糾正，所持要旨有二：

一是《商君書‧畫策篇》言：「凡人主德性非出人也，知非出人也，勇力非過人也。然民雖有聖知弗敢我謀，勇力弗敢我殺，雖眾不敢勝其主，雖民至億萬之數，懸重賞而民不敢爭，行罰而民不敢怨者，法也。」明示君性與民性無異。

二是書所稱君主「必信」、「不蔽」、「存體性」、「不以私害法」、「任法去私」、「為公而利天下」、「為天下利天下」等明君之性，是對君主的冀求，絕非認為君主皆有上述稟賦。

筆者從賀之說，主商鞅的人性論汎指人類而言，不存階級之分。林義正之說見〈論商君書對人性的看法〉一文，收錄於《鵝湖》第四卷十二期。賀凌虛之說見《商君書今註今譯》，頁238。

為主要受追求報酬與逃避懲罰二種力量驅使的現象不謀而合〔註15〕。顯然商鞅是從人性表層立論。因就人性表現的縱剖面看，可由最基本的動物本能，發展到自主的德性、靈性與神性〔註16〕。而商鞅所言的人性本質，具有濃厚的動物性，並未進入德性層次審視人性的表現。他純然從經驗立場觀察人性，並非欲作價值判斷，而是利用自利之人性，以達到富國強兵目的。倘若我們肯定人有向上心，那麼，商鞅否定人性自我的提昇，並以人性為強國工具，顯然有反人文現象。以下首先說明商鞅對人性了解的梗概。復次，探討人性觀的內涵，以明其所以為反人文觀基礎的理由。

一、自利的人性觀

商鞅肯定人類自利的劣根性，這可從人性表現的橫剖面：情、知、意三部分，即商鞅所謂的好惡之情、計慮之知、強弱之意三者得知。此外，商鞅從歷史觀論人性古愚今知之變，亦可探得人性自利的大要。以下即從此四項探討：

（一）就好惡之情的表現而言

人情有好惡，在先秦時代已獲共識。如《禮記‧禮運篇》言曰：

> 飲食男女，人之大欲存焉。死亡貧苦，人之大惡存焉。

《論語‧里仁篇》亦記載曰：

> 富與貴是人之所欲也，貧與賤是人之所惡也。

商鞅正視人性的好惡，於《商君書》曾多次指陳。〈說民篇〉記載曰：

> 民之有欲有惡也，欲有六淫，惡有四難。〔註17〕

〈算地篇〉記載曰：

> 民之生，饑而求食，勞而求佚，苦則索樂，辱則求榮，此民之情也。

〈錯法篇〉記載曰：

> 羞辱勞苦者，民之所惡也；顯榮佚樂者，民之所務也。夫人性好爵祿而惡刑罰。

〔註15〕見張德勝《儒家倫理與秩序情結》，頁104。

〔註16〕見林義正〈論商君書對人性的看法〉一文，收錄同註14。

〔註17〕朱師轍曰：「六淫，六欲也。呂覽貴生：『六欲皆得其宜』。高誘注：『六欲，生死耳目口鼻也。』蓋心淫於死生、耳淫於聲、目淫於色、口淫於味、鼻淫於臭。四難謂嚴刑峻法力農務戰。』尹桐陽以算地篇：『羞辱勞苦者，民之所惡也。』釋此四難，亦通。」見《商君書解詁定本》，頁23。

其間論及人性好惡的內容，可歸納爲三個層次：

		內　容　與　層　次		
		基本層次	次級層次	最高層次
民情	好	生　食	佚　樂	顯榮　爵祿　富貴
	惡	死　饑	勞　苦	羞辱　刑罰　貧賤

1. **基本層次**：是就自然之性而言，因求生求食是生物維持生命的本能需求。〔註18〕

2. **次級層次**：是介於自然之性與欲求間。換言之，它可屬於自然之性，亦可成爲欲求。因勞苦而欲休息，並止於休息，爲生物求生存的自然之性。若休息太過，流於淫樂，則成欲求。

3. **最高層次**：爲萬物之靈所獨有。其中所好者，乃順好惡追求而生的享受，已爲欲求。

　　由以上三層次，顯然人類最基本的是求生求食，其次是求安求樂，再次是求顯求榮。商鞅於〈賞刑篇〉並進而指出：

　　　民之欲富貴也，共闔棺而後止。

於〈君臣篇〉亦言曰：

　　　民之於利也，若水於下也，四旁無擇也。

明示人性對最高層次的追求最強烈。可知人性的自利罕能知足知止。

　　綜上以觀，商鞅論及人情的好惡，具有二點特色：一是人性欲望的滿足有輕重緩急的層次。二是人性是趨向自利的。

（二）就計慮之知的表現而言

　　前述論人情之好惡，實已涉及計慮之知。林義正先生於〈論商君書對人性的看法〉一文中指出：人有好惡之情，而好其所好、惡其所惡，正是計慮心在好惡之情上的作用。商鞅所言計慮之知的內涵，據〈算地篇〉記載曰：

　　　民生則計利，死則慮名。……民之性，廣而取長，稱而取重，權而
　　　索利。

揆諸其意，所謂計慮之知，即利之中取大，害之中取小。而計慮最甚者，則

〔註18〕達爾文把「欲」分爲兩類：一類是自然的、本能的「需欲」，一類是後天學習的「欲求」。轉引自賈馥茗著，〈人性論平議〉一文，收錄於《師大教育研究所集刊》第十八輯。

為生時求利、死後留名。〈算地篇〉又記載盜賊與上世之士追求名利的現象說：

> 今夫盜賊上犯君上之所禁，下失臣子之禮，故名辱而身危，猶不止
> 者，利也。其上世之士，衣不煖膚，食不滿腸，苦其志意，勞其四
> 肢，傷其五臟，而益裕廣耳，非性之常，而為之者，名也。

據此，盜賊及上世之士，一則名辱身危，一則志苦身勞。其舉措實為權衡利害後，為求利不惜失禮犯禁，為求名不惜忍饑苦身的強求者。

鑑於上由，就計慮之知的表現而言，人性是追求己利的。

（三）就強弱之意的表現而言

強弱之意即商鞅所謂的「勇怯之性」。〈去彊篇〉記載曰：

> 怯民使以刑必勇，勇民使以賞則死。怯民勇，勇民死，國無敵者彊，
> 彊必王。

又〈說民篇〉記載曰：

> 民勇，則賞之以其所欲；民怯，則刑之以其所惡。故怯民使之以刑，
> 則勇；勇民使之以賞，則死。怯民勇，勇民死，國無敵者必王。

據其言，人性有勇怯之異。然為政者可透過刑賞，使怯民勇，勇民為國死戰。由此，可見人性趨利避害的自利表現。實則，此又受人情好惡的左右。

（四）就人性古愚今知的變遷而言

商鞅曾從歷史觀點探討人性有古愚今知的變遷。〈開塞篇〉記載曰：

> 古之民，樸以厚，今之民，巧以偽。……民之性，不知則學，力盡
> 而服。故神農教耕而王天下，師其知也；湯武致強而征諸侯，服其
> 力也。夫民愚，不懷知而問；世知，無餘力而服。故以受王天下者，
> 并刑；力征諸侯者，退德。

由此可知，神農之時民愚，湯武之世民智。至於古今民智變化的原委，由〈開塞篇〉的記載可推知，其言曰：

> 親親而愛私。親親則別，愛私則險；民眾而以別險為務，則民亂。

由於人口激增又講求區別人我，必然發生混亂。為自保求生存，遂「不知而學」，於是從「樸厚」而變成「巧偽」。〔註19〕

職是之故，人性有古愚今知的變遷，為攸關個人利害下，人類遂尋求自存的自利表現。

〔註19〕林義正、賀凌虛已有此說，收錄同註14。

　　總上所論，商鞅言人性之自利，已顯然可見。其後，韓非從君臣、父子、夫婦等關係，言人莫不以自利心相窺〔註 20〕，法家言自利的人性觀遂臻至完備。

二、物化人性〔註 21〕

　　商鞅由經驗說明人性自利的一面，加深對人性表層的了解本無可厚非。至於其人性觀所以成爲反人文觀的理論基礎，根本緣由在物化人性，強調執政者唯有透過外在賞罰才能控制人民。今敘述如次：

　　（一）由於人性趨利避害，遂主張以賞罰御民。〈錯法篇〉曰：

　　　　夫人情好爵祿而惡刑罰，人君設二者以御民之志，而立所欲焉。

觀其文意指設賞以勸有功，陳刑以戒有罪，而積極意圖則欲人君掌握人性趨避的心理左右人民。〈慎法篇〉言曰：

　　　　耕戰二者，力本。而世主莫能致力者，何也？使民之所苦者無耕，

　　　　危者無戰。二者孝子難以爲其親，忠臣難以爲其君。今欲驅其民，

　　　　與之孝子忠臣之所難，臣以爲非劫以刑，而驅以賞莫可。

今欲以耕戰自保，故「驅以賞」獎耕戰，「劫以刑」戒淫佚，即運用賞罰使民致力農戰。

　　（二）人性趨利而取易去難，商鞅遂主張「上利從壹空出」。〈農戰篇〉曰：

〔註20〕例如《韓非子·飾邪篇》言：「君以計畜臣，臣以計事君，君臣交計也。害身而利國，臣弗爲也；害國而利臣，君不行也。臣之情，害身無利；君之情，害國無親。君臣也者，以計合者也。」〈六反篇〉言：「父母之於子也，產男則相賀，產女則殺之。此俱出父母之懷衽，然男子受賀，女子殺之者，慮其後便，計之長利也。故父母之於子也，猶用計算之心以相待也，而況無父子之澤乎！」〈內儲說下篇〉言：「衛人有夫妻禱者，而祝曰：『使我無故，得百束布。』其夫曰：『何少也？』對曰：『益是，子將以買妾。』」類此言論，不一一詳舉，凡此皆可與商鞅之說並讀而會觀。

〔註21〕本文所用的「物化」一詞，是指過分重視物質生活而導致精神的墮落。此意古人已言及。如《孟子·告子上篇》曰：「物交物則引之而已矣。」此即本文所用物化之意。至於莊子所言的物化觀念，見於《莊子·齊物論》，其言曰：「昔者，莊周夢爲胡蝶，栩栩然胡蝶也，自喻適志與！不知周也。俄然覺，則蘧蘧然周也。不知周之夢爲胡蝶，與胡蝶之夢爲周與？周與胡蝶，則必有分矣。此之謂物化。」徐復觀，《中國人性論史》第十二章解釋說：「物化，亦即司馬談在〈論六家要旨〉中所說的「隨物變化」。自己化成了什麼，便安於是什是，而不固執某一生活環境或某一目的，乃至現有的生命，這即所謂物化。」而此非本文所採用之意。

> 夫民之不可用也，見言談游士事君之可以尊身也，商賈之可以富家
> 也，技藝之足以餬口也，民見此三者之便且利也，則必避農，避農
> 則民輕其居，輕其居則必不爲上守戰也。

言談游士、商賈、技藝、農戰四者皆可獲利，而人恆取易去難，以便利之道求生、求富、求榮，必然導致避農戰的結果，而與國家富強策相悖。商鞅因而主張「塞私道以窮其志，啓一門以致其欲」（〈說民篇〉）。換言之，即斷絕一切倖進獲利機會，而啓農戰一途。使「利出於地，則民盡力，名出於戰，則民致死。」（〈開塞篇〉）

（三）人性趨利又不知止，商鞅逐主張納粟任爵，既滿足個人欲望，國君亦可獲利。〈壹言篇〉曰：

> 治國貴民壹，民壹則樸，樸則農，農則易勤，勤則富。富者廢之以
> 爵，不淫；淫者，廢之以刑而務農。

又〈弱民篇〉亦曰：

> 民貧則力富，民富則淫，淫則有蝨。故民富而不用，則使民以食出
> 爵，爵必以其力，則農不偷。農不偷，六蝨無萌，故國富而民治。

據其言，可知民因貧困饑寒而勞苦力農，待力農致富後，輒生淫佚。若行納粟任爵之法，民富將爲國富。民既不流於奢淫，且失去糧食又必務農，如此往復循環，國必多力。

由上列商鞅對人性的運用，可知其人性觀的內涵是：否定人的向上心。這可從以賞罰役民，只視人性貪得樂進的一面，推知他對人性看法極度悲觀，認定人無爲善可能。故〈錯法篇〉曾言曰：

> 聖人之存體性，不可以易人。

又〈畫策篇〉記載曰：

> 仁者能仁於人，而不能使人仁；義者能愛於人，而不能使人愛。是
> 以知仁義之不足以治天下也。聖人有必信之性，又有使天下不得不
> 信之法。所謂義者，爲人臣忠，爲人子孝，少長有禮，男女有別，
> 非其義也，餓不苟食，死不苟生，此乃有法之常也。聖王者，不貴
> 義而貴法，法必明，令必行，則已矣。

此段說明仁者、義者能仁於人、愛於人，然而，人性無明，所以不能使人仁、使人愛。以仁義治國徒爲理想，因而主張以法治民，藉法的強制力，方可使人必忠、必孝、必禮、必有別。顯然他否定了「舜何人也？予何人也？有爲

者亦若是。」的普遍性。至於人性無明，則何以有仁者、義者的存在，可見其說已有矛盾現象。而其反對仁義教化的可能，進而強調立法止姦。則是在偏執人性觀下產生的逆轉。

商鞅對人性的理解與我國傳統文化肯定人性的光明面殊異。我們知道孔子首先開啓我國的心性之學，雖其直接談論心性的文字並不多，但他提出仁的精神，已是心性學說的最初形態。例如《論語・顏淵篇》曰：

> 爲仁由己，而由人乎哉？

〈述而篇〉曰：

> 仁遠乎哉？我欲仁，斯仁至矣。

所以仁就在每個人的內心，不須向外追求。又〈顏淵篇〉曰：

> 古己復禮爲仁。

可知禮之本爲仁，仁又根源於人心。因此，錢穆先生於〈孔子之史學與心學〉一文，提出孔子禮的本原，不在外部，而在創禮與守禮者的內心，這就是孔子的心學。

而後，孟子承孔子的仁心，於《孟子・公孫丑上篇》提出人心有仁、義、禮、智諸善端；於〈告子上篇〉又從心善處說性善〔註22〕，將心與性合一，完成了性善論。而後，荀子有性惡之說，〈性惡篇〉有言曰：

> 人之性惡，其善者僞也。

荀子從人「生而有利焉」、「生而有疾惡焉」、「生而有耳目之欲有好聲色焉」（〈性惡篇〉）等欲求上言人之性惡。但他仍肯定人的向上心。〈正名篇〉曰：

> 生之所以然者謂之性，……性之好惡喜怒哀樂謂之情，情然而心爲之擇謂之慮，心慮而能爲之動謂之僞。慮積焉，能習焉，而後成謂

〔註22〕《孟子・公孫丑上篇》說：「今人乍見孺子將入於井，皆有怵惕惻隱之心，非所以內交於孺子之父母也，非所以要譽於鄉黨朋友也，非惡其聲而然也。由是觀之，無惻隱之心，非人也；無羞惡之心，非人也；無辭讓之心，非人也；無是非之心，非人也。惻隱之心，仁之端也；羞惡之心，義之端也；辭讓之心，禮之端也；是非之心，智之端也。人之有是四端也，猶其有四體也。」《孟子・告子上篇》記載公都子與孟子的對話。公都子曰：「告子曰：『性無善無不善也。』或曰：『性可以爲善，可以爲不善。是故文武興則民好善，幽厲興則民好暴。』……今曰性善，然則彼皆非與？」孟子曰：「乃若其情，則可以爲善矣，乃所謂善也。若夫爲不善，非才之罪也。惻隱之心，人皆有之。羞惡之心，人皆有之。恭敬之心，人皆有之。是非之心，人皆有之。惻隱之心，仁也。羞惡之心，義也。恭敬之心，禮也。是非之心，智也。仁義禮智，非由外鑠我也，我固有之也；弗思耳矣。故曰，求則得之，舍則失之。……」

之偽。

可知荀子將心獨立於性之外，透過心知，仍可化性起偽，積偽成聖。

上述對孔孟荀人性觀的論說雖失於粗略，然大抵可窺其肯定人之價值的梗概。這與商鞅純然以法御民，又以賞罰趨民的措施對照，顯然商鞅之人性觀已否決人的向上超拔能力，並陷民於私利無厭足的追逐中，使人性更加墮落、黑暗〔註 23〕。因此，商鞅人性觀無視道德心靈的需求，並專恣欲望的滿足，實為反人文觀的理論基礎。

第三節　法治觀

商鞅提倡的法，其本質與以人之理性為最高準則的自然法衝突，而相當於西洋「法律實證主義」的主張，尤其與奧斯汀的分析法學派，強調法律與道德分開的思想相似〔註 24〕。這可由前述商鞅進化歷史觀，主張法治而排斥禮治推知。而且，據徐復觀先生指出：商鞅所謂的法，廣義的說，是統治者強調人民盡片面義務的命令；狹義的說，只是一種刑法〔註 25〕。換言之，法

〔註23〕以上將商鞅人性觀與孔孟荀人性觀比照，得自劉師文起啟示。至於王邦雄於〈韓非政治哲學理論根基之偏狹與其潛存之困結〉一文，《中華文化復興月刊》十一卷二期，亦曾採用此方式，故稍加參酌。至於本論文結論處，提出人性觀的重要性，則是運用王邦雄的說法。

〔註24〕耿雲卿曾分四點說明法家思想與自然法思想的差異：
(1) 法家主張法律與道德分開，這與自然法學派主張法律與道德不分，混合為一不同。
(2) 法家主張所謂法律乃指經過政府制定並公布的法令而言。這與自然法學派認為法律存在大自然宇宙秩序中，或人之理性中，應不發生制定與公布的問題。
(3) 法家之法必具有強制力及制裁性，這與自然法學派主要的法，不一定具有制裁性、強制力者不同。
(4) 法家認為法具有權威性，法不許議，凡政府公布的法律必須遵守。自然法學派認為不合倫理道德違背自然正義之法律，不能承認其為法律，且不能發生效力，所以與法家思想正相反。
至於奧斯汀言「惡法亦可成為法律，違反道德之法律仍然有效」，顯然與商鞅法的本質不謀而合。可參見耿雲卿，《先秦法律思想與自然法》，頁 114～117。

〔註25〕見徐復觀《學術與政治之間》，頁338。成中英〈法家與儒家政治哲學之對照〉一文，亦言：「在法家的意義，『法』字乃有其固定的意義，那就是『法』之一詞，是特別用作『刑典』或『刑罰』的『法範』。」收錄於《知識與價值——和諧、真理與正義之探索》，頁439。

的特性在於主權者下達命令，強制人民遵守，違者即承擔責任或義務，而受一定處罰。顯然其強調的法具有緣法而治、尊君抑民、嚴刑重罰的三大特點。

因此，商鞅在富國強兵前提下，其法成為役使人民的工具。雖然商鞅主張的法具有公平、公開、適時、固定等正面價值。而且使民致力富國強兵，得免於亡國滅種。但他否定了個體的存在價值，視人民為統治者的工具，只服從權威而忽略理性，於是形成反人文觀的理論基礎。

由於本文主旨在強調說明其反人文觀的基礎，故對商鞅法治的正面價值暫不論述，只就具有反人文跡象的緣法而治、尊君抑民、嚴刑重罰三點探討。

一、緣法而治

商鞅的法與自然法相悖，故緣法而治是就其反人治而言。商鞅所以崇法抑人，其因由就《商君書》的言論歸納，約可分為三端：

（一）仁義不足用

這與前述進化歷史觀、自利人性觀有因果關係。因歷史進化，仁義禮治用於古而不用於今，遂主張應時制宜。因人性自利，與公利相違，遂主張設權衡使民知輕重，以期富國強兵。因此，在應世備變的歷史自覺與使民利心轉向君主的雙向要求下，遂斥人治而向法治。說已見前，故不贅述。

（二）賢才不易求〔註26〕

儒家孔子認為舉用賢才為當政要務之一。所以仲弓為季氏宰問政於孔子，即言：「先有司，赦小過，舉賢才。」（《論語‧子路篇》）而任賢亦為春秋戰國的普遍現象。據許倬雲先生於〈春秋戰國間的社會變動〉一文〔註27〕，所列的戰國宰相名單，可製簡表如下：

〔註26〕〈畫策篇〉言：「明主在上，所舉必賢，則法可在賢。法可在賢，則法在下，不肖不敢為非，是謂重治。」其意指明主在上位，必定任用賢人，可見他非常重視知識及知識分子。然而，鄭良樹指出：從法家的立場考察，任法是其傳統與主流，打從商鞅改革政治開始，就樹立了任法的模範，而後，商學派也莫不遵守此原則。因此，棄賢任法、惟法是循應該是正統，而任賢用知恐怕是異議者的高調。其說足以化解《商君書》中任賢及反賢的矛盾現象。詳見鄭良樹《商鞅及其學派》，頁 319～321。

〔註27〕收錄於許倬雲《求古編》，頁 319～352。

國　　別	趙	齊	秦	楚	韓	魏	燕
宰相總數	13	9	18	7	12	8	4
出身於公子者	3	2	3	1			
出身與王室有關者	2	4	2	2	6		
出身於寒庶者	8	1	13	2	1	9	
出身不明者		2		2	5	9	

此表顯示秦趙魏等國宰相出自寒庶的比例甚高，布衣爲卿相的階層流動，反映了尚賢的實況。

然而，商鞅對任賢卻持保留態度，〈愼法篇〉開宗明義說：

> 凡世莫不以其所以亂者治……夫舉賢能，世之所以治也，而治之所以亂。世之所謂賢者，言正也；所以爲言正者，黨也。聽其言也，則以爲能；問其黨，以爲然。故貴之，不待其有功；誅之，不待其有罪也。此其勢，正使污吏有資而成其姦險，小人有資而施其巧詐。

細繹其意，說明了賢者多出自世人的結黨稱譽。若任人舉才漫無標準，易造成不良惡風，予污吏、小人可乘之機，故任賢反招致變亂，遂得出任賢不足恃的結論。而且，商鞅鑑於國君「聽其言」「問其黨」，惑於言談而所用非人。因此，遂立法以爲準則。〈愼法篇〉記載曰：

> 故有明主忠臣產於今世，而能領其國者，不可須臾忘於法。破勝黨任，節去言談，任法而治矣。

商鞅「知自議譽私之不可任也，故立法明分」（〈修權篇〉），視法爲治國的不二良方。

（三）智巧議政不可用

《商君書》中反對智巧私議的言論極多，這與儒家對人民議政所持的正面態度不同。孔子曾言：「天下有道，則庶人不議。」（《論語‧季氏篇》）換言之，「天下無道，則庶人議」。又《春秋左氏傳‧襄公三十一年》記載子產不毀鄉校一事，孔子批評曰：「人謂子產不仁，吾不信也。」這顯然是人治的特點。然而，商鞅反對議政，〈農戰篇〉曰：

> 今世主皆憂其國之危而兵之弱也，而彊聽說者。說者成伍，煩言飾辭，而無實用。主好其辯，不求其實。說者得意，道路曲辯，輩輩

> 成群。民見其可以取王公大人也，而皆學之……學者成俗，則民舍
> 農，從事於談說，高言偽議，舍農游食，而以言相高也。

〈修權篇〉亦記載曰：

> 世之爲治者，多釋法而任私議，此國之所以亂也。先王縣權衡，立
> 尺寸，而至今法之，其分明也。夫釋權衡而斷輕重，廢尺寸而意長
> 短，雖察，商賈不用，爲其不必也。故法者，國之權衡也。夫信法
> 度而任私議，皆不知類者也。

其廢私議的要旨有三：一是議政的內容並不實用。二是議政將動搖政權基
礎，使民棄耕戰而追求知識學問。三是法爲國家的權衡標準，如商賈交易以
磅秤衡斷輕重。今捨法任私議，則如商賈「廢尺寸而意長短」，失去準則不免
有誤。

　　至於動搖國本對國家危害最大，因「民易爲言，難爲用」（〈說民篇〉），
故立法廢詩書斥學，杜絕人民私議，而專壹於農戰，更爲當務之急了。

　　綜上以觀，商鞅詆毀禮樂、菲薄仁義、禁用賢人、反對私議，可知他忽
略人事而重制度。所以商鞅對法的運用與儒家人治以爲「徒善不足以爲政，
徒法不能以自行」（《孟子‧離婁上篇》）、「禮者禁於將然之前，而法者禁於已
然之後」（《漢書‧賈誼傳》）不同，顯然商鞅認爲緣法而治是天經地義的治國
唯一手段。

二、尊君抑民

　　商鞅「緣法而治」，然而，其法治中的最高權威並非法律，而是人君。因
此，梁啓超先生曾言曰：

> 法家最大缺點，在立法權不能正本清源。彼宗固力言吾主當「置法
> 以自治，立儀以自正。」力言人君「棄法而好行私謂之亂。」然問
> 法何自出，誰實制之？則仍曰君主而已。（《先秦政治思想史》第十
> 六章）

殷海光先生於〈治亂的關鍵〉一文所謂「專制時代的『權原』在皇帝」，與其
不謀而合。由於君主政體下，法的制定權仍在人君，所謂「法律之前，人人
平等」，只是假平等，人君具有崇高地位，法只是人君統治人民的工具。所以
法的內涵有尊君抑民的特色。商鞅法治觀有尊君抑民現象，可由賞罰出自人
君以及法律與人民相對二點推知。

（一）賞罰出自人君

依《商君書・修權篇》所言，執政者擁有法、信、權三者。其中權指權力，是制定政令、推行政令的依據。其言曰：

> 權者，君之所獨制，人主失守，則危。……權制獨斷於君，則威。

國君的威望在秉權而立。而人君權柄最為人共知者，在掌握賞罰。〈算地篇〉言：「主操名利之柄」，即賞罰出自國君。因此，商鞅認為君主首應明法去私。〈修權篇〉曰：

> 凡人臣之事君也，多以主所好事君，君好法，則臣以法事君；君好言，則臣以言事君。

人民以國君之好惡為好惡，故人君應以法為準。〈君臣篇〉曰：

> 言不中法者，不聽也；行不中法者，不高也；事不中法者，不為也。
> 言中法，則聽之；行中法，則高之；事中法，則為之。

人君「任法去私」，不以私意亂法。亦即「錯法而民無邪者，法明而民利之也。」（〈錯法篇〉）

至於國君握賞罰之柄，其目的正如〈去彊篇〉所言曰：

> 貧者使以刑，則富；富者使以賞，則貧。治國能令貧者富，富者貧，則國多力，多力者王。

此點可與人性觀一節商鞅主張納粟任爵對照，今不再複述。據此，執政者視民如充實國力的機器已昭然可見。

（二）法律與人民相對

儒家提倡仁義孝弟，是一種「自發性」的社會規範，而法家提出法律，以法強制約束人民，則將法視作與民相對抗的事物〔註28〕。〈畫策篇〉記載曰：

> 昔之能制天下者，必先制其民者也；能勝彊敵者，必先勝其民者也。故勝民之本在制民，若冶於金，陶於土也。本不堅，則民如飛鳥走獸，其孰能制之？民本，法也。故善治者，塞民以法，而名地作矣。

法家的法所以與民相對抗，乃肇因於法家視君民為上下相對的關係，所以將人民比作冶金、陶土，人君則如同鐵匠、陶匠。至於人君如何制勝人民，關鍵即為法，故言「民本，法也。」又〈開塞篇〉言：「有主而無法，其害與無

〔註28〕引自鄭良樹《商鞅及其學派》，頁299。

主同。」可見主上的權威在法。此外，〈畫策篇〉曾言：

> 凡人主德行非出人也，知非出人也，勇力非過人也。然民雖有聖知
> 弗敢我謀，勇力弗敢我殺，雖眾不敢勝其主；雖民至億萬之數，縣
> 重賞而民不敢爭，行罰而民不敢怨者，法也。

此段說明國君德行、智慧、勇力不一定超越別人，然而，若持法治國，則臣
民服從。至於人君藉法使民服從，在強國前提下，其最大目的不外欲使民致
力農戰。〈壹言篇〉曰：

> 凡將立國，治法不可不慎也。……治法明，則官無邪。……夫聖人
> 之立法、化俗，而使民朝夕從事於農也，不可不知也。夫民之從事死
> 制也，以上之設榮名、置賞罰之明也。……故民之喜農而樂戰也。

〈畫策篇〉記載曰：「民之見戰也，如餓狼之見肉，則民用矣。」顯然其欲民
全然爲國工作、戰鬥與死亡。由於君視民如治天下的工具，因而藉以統御臣
民的法律，自然與民對立。

　　總括上言，法之賞罰既出自人君，人民遂以君主的好惡爲好惡，似乎人
民是爲人君而存在。又法律與人民相對，所以人君以法的權威性制民，必流
於嚴刑峻法。因此，法是人君絕對化的保障，而人民只是執政者的奴隸而已。

三、嚴刑重罰

　　前述人君立法在使民服從，致力農戰。因此，嚴刑峻法是商鞅法治觀的
必然總歸結。《韓非子‧內儲說上》記載曰：

> 公孫鞅之法也重輕罪。重罪者人之所難犯也；而小過者人之所易去
> 也。使人去其所易，無離其所難，此治之道也。夫小過不生，大罪
> 不至，是人無罪而亂不生也。一曰：公孫鞅曰：行刑重其輕者，輕
> 者不至，重者不來，是謂以刑去刑。

商鞅採用輕罪重罰的重刑政策，其目的在「以刑去刑」。而「以刑去刑」的理
論，亦見於《尚書‧大禹謨》所謂的「刑期于無刑」。商鞅有此主張是否受其
影響，則不得而知。商鞅重刑政策散見於《商君書》，如〈開塞篇〉提出重刑
的必要，其言曰：

> 故以刑治則民威，民威則無姦，無姦則民安其所樂。以義教則民縱，
> 民縱則亂，亂則民傷其所惡。……立君之道，莫廣於勝法；勝法之
> 務，莫急於去姦；去姦之本，莫深於嚴刑。故王者以賞禁，以刑勸，
> 求過不求善，藉刑以去刑。

商鞅將嚴刑與義刑比對，以明重刑的重要。事實上，除商鞅外，《墨子‧備城門篇》曾言：「罰嚴足畏」，《荀子‧正論篇》曾言：「刑稱罪則治，不稱罪則亂，故治則刑重，亂則刑輕。」二者亦有重刑主張。然而，荀子強調罪刑相當，商鞅則言輕罪重罰。〈說民篇〉曰：

> 行刑重其輕者，輕者不生，則重者無從至矣。……行刑重其重者，
> 輕其輕者；輕者不止，則重者無從止矣。

商鞅認爲重罪科以重刑，輕罪科以輕刑，則刑至事生。若輕罪重刑，則刑去事成。利用人情趨避與畏懼心理，而至「以刑去刑」的目標。至於商鞅實行重刑的原則有二：

（一）刑無等級

所謂刑無等級即壹刑，與《韓非子‧有度篇》曰：「刑過不避大臣，賞善不遺匹夫。」之意相當。〈賞刑篇〉曰：

> 所謂壹刑者，刑無等級。自卿相將軍以至大夫庶人，有不從王令、
> 犯國禁、亂上制者，罪死不赦。有功於前，有敗於後，不爲損刑。
> 有害於前，有過於後，不爲虧法。忠臣孝子有過，必以其數斷。守
> 法守職之吏，有不行王法者，罪死不赦，刑及三族。周官之人，知
> 而訐之上者，自免於罪。無貴賤，尸襲其官長之官爵田祿。

此段正說明商鞅執法如山，打破傳統「刑不上大夫，禮不下庶人」的差別待遇。而且，同篇又舉晉文公明法，殺寵臣顛頡而大治一事，強調刑罰不失疏遠，不違親近的原則。

（二）防患未然

商鞅實行重刑的目的，不在事後之懲罰，而在防患未然。〈賞刑篇〉曰：

> 重刑連其罪，則民不敢試。民不敢試，故無刑也。夫先王之禁刺殺，
> 斷人之足，黥人之面，非求傷民也，以禁姦止過也。故禁姦止過，
> 莫若重刑。

揆諸其言，一是掌握人民不可能因貪圖小利，而甘冒大罪的計利慮害心理，運用輕罪重罰的方式禁姦止過。二是他藉重罰犯人，達到殺一儆百的效果。

因此，商鞅的刑法是貴賤齊之以刑，又爲防患未然的威嚇性統治。前者對我國有突破性貢獻，然而，因出自威嚇性，顯然是不教而刑，遂流於殘酷。

總前所論，商鞅法治觀的內涵可作如下說明：

1. 商鞅循法而斥禮，全然抹視人類道德文化生活，這種重制度而輕人事的法治觀，是不「把人當人」的極權政治。

2. 在商鞅法治之下，受治者為民，專治者為君，君權無限，所有個人都隸屬於國君，均為國君的奴隸〔註29〕。此點胡樸安先生於《商君書解詁‧序》亦曾論及，其言曰：

> 國家對於人民，有無上之權威。以此之故，所以務在嚴刑以臨民。此固由於商君天資之刻薄，抑學說之結果必至於如是也。特是國家與君主不分，刑罰太峻，君權必尊。極其流弊，法律將失效力，此君主之意思，強使人民之必從，造成君主專制之政治。

其說已指出商鞅「尚法而無法」（《荀子‧非十二子篇》）的涵義，誠非虛論。

3. 商鞅法治與富國強兵的軍國主義意識型態結合，所以法治目的並非保障個人的權利與自由。反而為殘酷工具，摧殘人民。

總而言之，商鞅以法治救周文疲敝，顯然是忘本徇末，形成他漠視人格價值的反人文觀基礎。

第四節　國家觀

商鞅變法的經濟政策在重農，軍事主張在尚戰。一是充實財力，一是強大武力，可知其所持者為務力的國家觀。實則，在列國環伺、眾暴侵凌下，非有富強國力無以自存，其尚力並厚植國力，乃時勢所趨。然而，由於欲使民致力農戰一途，其措施不免過偏。蕭公權先生於《中國政治思想史》第七章嘗指出：商鞅重農戰，幾乎欲舉一國學術文化而摧毀掃蕩之，使政治社會成為一斯巴達式的戰鬥團體。其唯力是視，不惜排斥學術，既絕民智又毀棄文化，反人文現象甚明。以下先明其務力國家觀的大要，而後，由極端重耕戰的主張，探求其所以成為反人文觀基礎的原因，以證實商鞅國家觀是反人文觀的重要依據之一。

一、務力的國家觀

商鞅的國家觀在理論上主張尚力，在實行上強調耕戰。以下分述之：

〔註29〕王曉波亦言：「『不別親疏，不殊貴賤，一斷於法』，這表示著先秦法家主張的法律是具有平等性的。這種平等當然不是今日民主的平等，或曰，奴隸之間也會有被奴役的平等。」見王曉波《儒法思想論集》自序，頁7。

（一）尚 力

商鞅曾將好力與好言比對，並藉史實說明力的重要性。〈農戰篇〉記載曰：

> 國好力者以難攻，以難攻者必興。好辯者以易攻，以易攻者必危。

又〈說民篇〉亦記載曰：

> 國以難攻，起一取十，國以易攻，出十亡百。國好力曰以難攻，國好言曰以易攻。

好力則敵難攻，又「起一取十」，好言則敵易攻，又「出十亡百」。可知商鞅以為勝敵的關鍵在力。又〈開塞篇〉曰：

> 湯武致強而征諸侯，服其力也。⋯⋯武王逆取而貴順。

商鞅舉商湯、武王之例強調國力的重要性。然而，湯放桀、武王伐紂，孟子以為是湯武行仁，弔民伐罪，故稱「誅一夫」而不言「弒君」〔註30〕。由二家詮釋的出入，顯然商鞅強調取之以力，是尚力的主張。〈愼法篇〉記載：「國之所以重，主之所以尊者，力也。耕戰二者，力本。」由於耕戰為力之本，於是由尚力而尚耕戰。

（二）尚耕戰

〈農戰篇〉曰：「國之所以興者，農戰也。⋯⋯國待農戰而安，主待農戰而尊。」其何以重農戰若此，以下敘述之。

1. 重農的理由

在經濟上，藉重農以富國。〈農戰篇〉記載曰：

> 明君修政作壹，去無用，止浮學事淫之民，壹於農，然後國家可富，而民力可摶也。⋯⋯其民農者寡，而游食者眾，眾則農者殆，農者殆則土地荒。⋯⋯此貧國之教也。

農業為財力來源，民務耕織，「生粟於境內，則金粟兩生，倉府兩實。」（〈去彊篇〉）國可富。此外，民致力於農，又可減少游食，民力可摶。其重農意旨可由徐復觀先生考察商鞅變法的意義說明。徐先生指出：「人民是流動的，國力也因之不能凝聚起來，立國的基礎便無法鞏固。所以商鞅第一個著眼，便是要把流動的社會，使其在職業上穩定安靜下來」（《兩漢思想史》，頁 120）

〔註30〕《孟子·梁惠王篇》記載：「齊宣王問曰：『湯放桀，武王伐紂，有諸？』孟子對曰：『於傳有之。』曰：『臣弒其君，可乎？』曰：『賊仁者謂之賊，賊義者謂之殘；殘賊之人，謂之一夫。聞誅一夫紂矣，未聞弒君也。』」

由此可知，商鞅務農是靜生民之業，使民安於壟畝，民力既摶，生產之利也不會流於國外，以達到立國、富國目標。

在政治上，藉重農使民樸易治。〈農戰篇〉記載曰：

聖人知治國之要，故令民歸心於農，歸心於農，則民樸而可正也。……

紛紛，則不易使也。

又〈算地篇〉亦記載曰：

爲國之道，務在墾草……私利塞於外，則民務屬於農，屬於農則樸，

樸則畏令。

其它相似言論茲不枚舉。大要言之，重農則「私利塞於外」、「官爵不可巧而取」，人民不致流於詭詐而易於治理。

在軍事上，藉重農而強兵。〈農戰篇〉記載曰：

百人農一人居者王，十人農一人居者彊，半農半居者危。故治國者

欲民之農也。國不農則與諸侯爭權不能自恃也，則眾力不足。

此段說明國勢的強弱與務農人數成正比。同篇又言：

人君不能服彊敵，破大國也，則修守備、便地形，摶民力以待外事，

然後患可以去，而王可致也。

顯然務農則兵強的關鍵在民力摶，民力摶則國富民樸，農勤樂戰，這與重農在經濟上、政治上的成果有關。〔註31〕

2. 重戰的理由

據〈去彊篇〉言：「戰事兵用曰彊，戰亂兵息而國削。」可推知重戰的消極意義在免於亡國，積極意義在彊國。又〈畫策篇〉記載曰：

名尊地廣以至於王者，何故？戰勝者也。名卑地削以至於亡者，何

故？戰罷者也。

說明了優勝劣敗是戰國時代爭強的必然事實。所以，重戰目的即在爭勝以彊國。

由上可知，商鞅以農爲根本，以戰爲目的。因此，蔡澤言商鞅「兵動而地廣，兵休而國富」（《史記‧范雎蔡澤列傳》），其爲務力的國家觀了然可見。

〔註31〕宇野精一言：「農具有兩面目的，即利用其自身的致富以達到彊國目的，在戰
　　　時則將營農而樸弱的人民，徵用爲兵，直接利用於彊國的目的上。」見宇野
　　　精一主編、林茂松譯《中國思想史（三）》，頁152。

二、急耕厲戰

商鞅以耕戰爲本務，立國政策在致力農戰，故〈壹言篇〉記載曰：「國務壹，則民應用。事本摶，則民喜農而樂戰。」所以，「凡治國者患民之散而不可摶也。」（〈農戰篇〉）因此，商鞅有使民歸心於壹的策略，其國家觀所以爲反人文觀基礎的癥結亦在此。以下敘述之：

（一）積極策略——名利盡歸於農戰

這是利用人性好惡，且以富貴誘民。〈農戰篇〉記載曰：

> 凡人主之所以勸民者，官爵也。國之所以興者，農戰也。……善爲
> 國者，其教民也，皆作壹而得官爵。……民見上利之從壹空出也，
> 則作壹，作壹則民不偷營，民不偷營，則多力，多力則國彊。

〈壹言篇〉又言曰：

> 夫民之從事死制也，以上之設榮名，置賞罰之明也。……故民之喜
> 農而樂戰也。

由於「利出於地則民盡力，名出於戰則民致死。」（〈算地篇〉）故其政策綱要爲「邊利盡歸於兵，市利盡歸於農。」（〈外內篇〉）至於市利歸於農的具體原則，可由〈外內篇〉說明之。其言曰：

> 欲農富其國者，境內之食必貴，……無田，不得不易其食；食貴則
> 田者利，田者利則事者眾。

境內糧食價格必須昂貴，不事耕種者以交易換取糧食，而糧食昂貴，事農者則有利可圖。至於邊利歸於兵方面，有「壹賞」之法，〈賞刑篇〉記載曰：

> 所謂壹賞者，利祿官爵摶出於兵，無有異施也。夫固知愚、貴賤、
> 勇怯、賢不肖，皆盡其胸臆之知，竭其股肱之力，出死而爲上用也。
> 天下豪傑賢良從之如流水，是故兵無敵，而令行於天下。

由於欲灌輸「利祿官爵摶出於兵」的觀念，遂有「壹教」的主張。〈賞刑篇〉記載曰：

> 所謂壹教者，博聞辯慧，信廉禮樂，修行群黨，任譽清濁，不可以
> 富貴，不可以評刑，不可獨立私議以陳其上。堅者破，銳者挫。雖
> 曰聖知巧佞厚樸，則不能以非功罔上利。然富貴之門，要在戰而已
> 矣。彼能戰者，踐富貴之門；彊梗者，有常刑而不赦。是父兄、昆
> 弟、知識、婚姻、合同者，皆曰：「務之所加，存戰而已矣。」夫故
> 當壯者務於戰，老弱務於守，死者不悔，生者務勸。此臣之所謂壹

教也。

所謂「壹教」，意即透過軍國民教育統一思想、統一價值標準，形成尚武風尚。此外，商鞅欲賞、教確實發生輕死樂戰功效，並運用壹刑的強制力〔註32〕，說已見法治觀一節。

（二）消極策略——禁末事

所謂禁末事即禁止一切無益農戰之事。本章第二節人性觀曾舉〈農戰篇〉之言，說明商鞅反對言談游士、商賈、技藝之士以便利之道求利。又〈算地篇〉亦記載曰：

> 夫治國舍勢而任談說，則身勞而功寡。故事詩書談說之士，則民游而輕其上；事處士，則民遠而非其上；事勇士，則民競而輕其禁；技藝之士用則民劋而易徙；商賈之士佚且利，則民緣而議其上。故五民加於國用，則田荒而兵弱。

據此，可知商鞅排斥五民〔註33〕。余英時先生於〈反智論與中國政治傳統〉一文中指出：五民分別為儒家、游俠、不作官的知識分子以及工與商。並言：這五類份子的政治危害性來自專門知識或技能。而其中知識分子的議政會導致人民「輕視國君」和「誹謗朝廷」，對法家危害性最大。今以〈農戰篇〉的記載為證，其言曰：

> 農戰之民千人，而有詩書辯慧者一人焉，千人者皆怠於農戰矣。農戰之民百人，而有技藝者一人焉，百人者皆怠於農戰矣。

此段顯示詩書之害更甚於技藝，遂有千人、百人之異。可知其極端排斥詩書。因此，〈農戰篇〉又言曰：

> 詩、書、禮、樂、善、修、仁、廉、辯、慧，國有十者，上無使守戰。國以十者治，敵至必削，不至必貧。國去此十者，敵不敢至，雖至，必卻；興兵而伐，必取；按兵不伐，必富。

據此不難推知商鞅排斥五民之原因，而其中對知識分子所憑藉之詩書禮樂最為深惡痛絕，遂為其首要攻擊目標。

〔註32〕余英時於〈反智論與中國政治傳統〉一文中曾指出：「壹賞」、「壹刑」、「壹教」是三位一體。而「壹賞」、「壹刑」則是「壹教」的雙重保證。收錄於余英時《歷史與思想》，頁25～26。

〔註33〕《商君書》所謂的五民除正文〈算地篇〉所引的詩書談說之士、處士、勇士、技藝之士、商賈之士外，又有另一說法，即〈墾令篇〉所言的惰急之民、很剛之民、怠惰之民、費資之民與巧諛惡心之民。

　　根據上列積極、消極的耕戰原則分析，商鞅國家觀的內涵可作如下說明：

　　就實行軍國民教育而言，由於與壹賞、壹刑結合，藉法令、教育力量，以極端干涉手段強制構成耕戰社會。所以，凡不事耕戰的五民皆在禁除之列，顯然是唯力是視。

　　就斥詩書禮樂與生活技能而言，已與人類求知的本能和欲望相悖。根據洪邁《容齋四筆》，卷三記載〈呂子論學〉中有言：

> 天生人而使其耳可以聞，不學其聞則不若聾；使其目可以見，不學其見則不若盲；使其口可以言，不學其言則不若喑；使其心可以智，不學其智則不若狂。故凡學非能益之也，達天性也。能全天之所生，而勿敗之，可謂善學者矣。

呂子指出人與生具有天官和心官，故有聞、見、言、智等本能活動。而商鞅斥詩書禮樂及生活技能，是減少人民耳聞、目見、口言的內容，尤其斥詩書禮樂則阻礙心官判斷是非之能力，對天性認知，已產生約束性與迫害性。

　　至於老莊思想中，亦有類似商鞅斥詩書禮樂等知識學問的理念，所以必須澄清其間的差異。今試觀《老子‧第二十章》曰：

> 絕學無憂。

《老子‧第六十五章》曰：

> 古之善為道者，非以明民，將以愚之。

據此，老子斥學態度十分明瞭。莊子亦否定學，《莊子‧大宗師》曰：

> 墮肢體，黜聰明，離形去知，同於大通，此謂坐忘。

但此處必須說明的是，老子以自然為道，遂摒除一切人為價值，因而反對「以智治國」（〈第六十五章〉），以為禮樂是「忠信之薄而亂之首」（〈第三十八章〉）。莊子亦然，其斥學乃欲民返樸歸真，遂強調「離形去知，同於大通」。「大通」即是道，「同於大通」即是同於道。人與自然之道契合，方能避免形式空文桎梏人類生命。足見老莊斥學是回歸自然境界，其追求者乃是形而上的真知，所反對者乃是現象界的世俗之學。因此，老莊斥學並非壓抑天性。這與商鞅斥學並無更高的理想依歸，只是陷民於椎魯的情況自有天淵之別。透過上述的理解，我們可清楚得知商鞅斥學對人性迫害的面貌。

　　總上所述，商鞅的國家觀既唯力是視，又枉顧人性需求，故為反人文觀的理論根據。

第五節 名實觀

所謂名實，其意等同於刑名。瀧川資言曾引王鳴盛之言解釋「刑名」曰：「刑非刑罰之刑，與形同，古字通用。刑名，猶言名實。」（《史記會註考證·老子韓非列傳考證》）而名實之意就是以名舉實。大抵刑是現象，名是稱謂，現象與稱謂必須配合，所以法家言循名責實，是名實間有必然關係。這與矛盾律：是 A 便不是非 A，是非 A 便不是 A 意思相同。換言之，同實者同名，異實者異名。

根據《史記·商君列傳》記載「鞅少好刑名之學」，因此，商鞅運用刑名之學於法治中乃自然現象。故錢穆先生於《先秦諸子繫年·商鞅考》言商鞅「守法奉公，即孔子正名復禮之精神，隨時勢而一轉移耳。」其殆說明商鞅守法奉公是刑名觀念的應用，並進言刑名之學與孔子的正名有共通之處。以下首先說明商鞅名實觀的大略，其次論述名實觀所表現的守法奉公原則，並揭示名實觀內涵，以明其名實觀是反人文觀的基礎之一。

一、以名舉實

商鞅主張名實相當的觀念，散見於《商君書》中，如〈修權篇〉記載曰：

> 授官予爵，不以其勞，則忠臣不進。行賞賦祿，不稱其功，則戰士不用。

意即「明主之所貴惟爵其實，爵其實而榮顯之。」（〈錯法篇〉）所以，賞罰要以實際客觀事實為標準，務使「賞隨功，罰隨罪。」（〈禁使篇〉）實則，法家均謂刑罰應以功罪為標準。如《管子》曰：

> 有犯禁而可以得免者，則斧鉞不足以威眾。有無功而可以富者，則祿賞不足以勸民。（〈重令篇〉）
>
> 明主雖心之所愛，而無功者不賞也。雖心之所憎，審而無罪者不罰也。（〈明法篇〉）

《韓非子》亦言曰：

> 聖人之治國也，賞不加於無功，而誅必行於有罪者也。（〈姦劫弒臣篇〉）

足見法家務使重罰者必有惡名，重賞者必有盛譽。換言之，以賞罰為名，以功罪為形。賞必與功一致，罰必與罪相當，避免一切名不稱實的現象。倘若名不稱實，則會形成矛盾現象，此可用《韓非子·難一篇》的矛盾故事來理

解，其言曰：

> 楚人有鬻楯與矛者，譽之曰：「吾楯之堅，物莫能陷也。」又譽其矛曰：「吾矛之利，於物無不陷也。」或曰：「以子之矛，陷子之楯，何如？」其人弗能應。

這種矛盾現象在現實世界中確實存在，其適足以導致價值觀念混淆，引起政治、社會的危機。因此，商鞅排斥一切名實矛盾現象。如〈畫策篇〉曰：

> 亡國之俗，賤爵輕祿，不作而食，不戰而榮，無爵而尊，無祿而富，無官而長。

其欲強國，故急思改革「不作而食，不戰而榮，無爵而尊，無祿而富，無官而長。」的名實不符情形，使名、分不分歧為前提。

至於強調名分不紛亂的言論，首見於孔子的正名。《論語‧子路篇》記載孔子答子路之言曰：

> 名不正則言不順，言不順則事不成，事不成則禮樂不興，禮樂不興則刑罰不中，刑罰不中則民無所措手足；故君子名之必可言也，言之必可行也，君子於其言，無所苟而已。

孔子言「名不正則言不順」是強調名的概念與分的內涵必須配合，才能順理成章，才可正百事之名。最後言「名之必可言也，言之必可行也。」是強調名、言、行一致，是正名的目標。

至於商鞅的名實觀是否源自孔子，由於缺乏證據，不敢妄下斷言。至於西哲卡西爾在他《人論》一書中，曾提出人的典型特徵在運用符號，創造「符號的宇宙」即「人類文化的世界」，而語言文字即列屬於符號形式之一〔註34〕。可知人對表情達意的媒介——語言文字，有與生俱來的運用能力。而我們運用語言文字為事物命名時，已暗合邏輯概念。陳澧《東塾讀書記》，卷十一〈子學〉曰：

> 蓋天下事物之象，人目見之則心有意，意欲達之則口有聲。意者象乎事物而構之者也，聲者象乎意而宣之者也。聲不能傳於異地，留於異時，於是乎書之為文字。文字者，所以為意與聲之跡，未有文

〔註34〕卡西爾曾言：「人的突出的特徵，人的與眾不同的標誌，既不是他的形而上學本性，也不是他的物理本性而是人的勞作（work）。正是這種勞作，正是這種人類活動的體系，規定和劃定了『人性』的圓周。語言、神話、宗教、藝術、科學、歷史，都是這個圓的組成部分和各個扇面。」詳見卡西爾原著、結構群審譯《人論》，頁106。

字，以聲爲事物之名，既有文字，則文字爲事物之名。

陳澧所謂「人目見之則心有意」，大抵包括《荀子・正名篇》所言的「天官」與「心官」。荀子之言曰：

> 緣天官，凡同類同情者，其天官之意物也同，故比方之疑似而通，是所以共其約名以相期也。……心有徵知。徵知，則緣耳而知聲可也，緣目而知形可也，然而徵知必將綜天官之當薄其類然後可也，五官薄之而不知，心徵之而無說，則人莫不然謂之不知，此所緣而以同異也。

此在說明我們可由感官（天官）的接觸，以及心官的徵知，察覺事物的同異，其間已有理則概念。

係括前述，萬物之靈有運用語言文字以名舉實的本能。因此，可推測商鞅名實觀應不必源於孔子正名。但精神仍有相通處，二者均在強調名必稱實，防止社會紛亂。至於其間的歧異是：孔子正名是正社會人類相處關係的名，使「君君、臣臣、父父、子子」不容紊亂。故司馬談〈論六家要旨〉言儒家「序君臣父子之禮，列夫婦長幼之別，不可易也。」可知孔子的「正名」是正政治之名，也是正倫常秩序之名。然而，商鞅的刑名，定位於政治，並局限於信賞必罰。所以，他雖以名舉實，但與孔子正名涉及社會倫常的名，不可同日而語，而是專援名入法，以政治爲畛域。

二、守法奉公

商鞅是法治主義者，而法的實行必以賞罰爲後盾。因此，商鞅援名入法，主旨在以名實相符的原則運用於賞罰，使民不輕忽政令、法禁，確立守法奉公精神。所以，守法奉公非就普遍性的道德意識立論，而是在國家公利的基礎上論述。以下即就以名實爲治，賞罰斷於功罪絕無寬假的原則敘述。

（一）賞斷於功

所謂功主要指耕戰而言。有關耕戰的論述已見國家觀，但與名實觀亦有關連，故於此補充。前節曾言商鞅欲國富強，若民趨力於地、趨力於敵，則有公利，所以他實行壹賞。實則，他強調「利出一空」（〈弱民篇〉）同時也是以名舉實。倘若習言談、修文學、事商工之人，無耕之勞、無戰之危卻富且貴，是賞罰之名與實不符，法的約束力將不能發揮。於是他認爲「授官予爵出祿不以功，是無當也。」（〈靳令篇〉）因此，凡不事力而衣食，不戰功而尊

貴者，皆必去之。故〈外內篇〉記載曰：

> 爲辯知者不貴，游宦者不任，文學私名不顯。

觀其文意，即強調要按功而賞，使無功者不得顯榮。

（二）罰斷於罪

這是法家去私恩，有罪必罰，不因親疏而掩過蓋非的舉措。〈賞刑篇〉記載曰：

> 親昆仲有過不違，而況疏遠乎？

〈禁使篇〉又言曰：

> 故至治，夫妻交友不能相爲棄惡蓋非，而不害於親，民人不能相爲
> 隱。

其意即指有罪之實，必有罰之名。夫妻朋友，甚至親昆仲也不能相互隱過。因此，他反對用治理善良百姓的方法治民，主張用治姦民的方法治民，使民重法。〈說民篇〉記載曰：

> 用善則民親其親，任姦則民親其制。合而復之者，善也，別而規之
> 者，姦也。章善則過匿，任姦則罪誅。過匿則民勝法，罪誅則法勝
> 民。民勝法國亂，法勝民兵強。

揆諸其意，是認爲以治善民之法治民，民將親其親而相互掩過，則法度失常。以治姦民之法治民，則民將相正以法。因此，他不別親疏，有罪必罰，尊法不惜捨親，以確實發揮法的強制力。

由上述賞罰運用名實觀的原則，可知其名實觀的內涵有二：

就賞斷於功而言，其旨在獎耕戰、抑末事，顯然是斥知識技能，有殘傷智性的內涵。（可見第四節國家觀）

就罰斷於罪而言，其旨在不別親疏，忽略倫理的名實現象，有毀棄道德的內涵。因在人際關係上有倫理親情的存在。早在舜時，已命契定「五品」、施「五教」〔註35〕。而後夏商周三代皆重視人倫。故《孟子·滕文公上篇》曰：

> 夏曰校，殷曰序，周曰庠，學則三代共之，皆所以明人倫也。

由於察於人倫，是人之所以異於禽獸處，故儒家容許「父爲子隱，子爲父隱」（《論語·子路篇》），其意爲父或子犯罪，身爲子女或父母親者，可不作證人，

〔註35〕《尚書·舜典》曰：「帝曰：契，百姓不親，五品不遜，汝作司徒，敬敷五教，在寬。」

不供證詞。這是父子之親、骨肉至情，若隱瞞不作證，也合乎常情。此外，《孟子‧盡心上篇》亦曰：

> 桃應問曰：「舜爲天子，皐陶爲士；瞽瞍殺人，則如之何？」孟子曰：
> 「執之而已矣！」「然則舜不禁與？」曰：「夫舜惡得而禁之！夫有
> 所受之也。」「然則舜如之何？」曰：「舜視天下，猶棄敝蹝也。竊
> 負而逃，遵海濱而處；終身訢然，樂而忘天下。」

此故事表現儒家重視法律尊嚴，但不捨棄父子之情。由設喻舜雖愛父，但不以私害公，也不因身爲天子，而棄人子之道一事可窺見。這可說是儒家的權宜之計。然而，部分學者據此言儒家只顧個人私情，不顧社會公利，有礙法的推行。如高亨〈商鞅與商君書略論〉一文，即持此說。事實上，孔孟之意殆強調行法不應導致對倫理道德的否定。換言之，有血親關係者，應不告奸、不作證。無血親關係者則依法公平行事。直到現代法律也有相似條文，如〈刑事訴訟法第一八〇條〉規定：「現爲或曾爲被告或自訴人之配偶，五親等內之血親，三親等內之姻親或家長、家屬者，得拒絕證言。」(《最新六法全書》，頁 423）所以，法律仍應考量親情，重視倫理的名實現象。而今商鞅重法，務民告姦，夫妻、親昆仲之間亦無例外，顯然不顧親情，與一般倫常大相逕庭。

　　總上所述，商鞅的主要思想在法，其名實觀雖有助於法治的建立，然有殘傷道德、知識的意含，陳鐘凡先生即指出：法家殘忍爲「援名入法之跡」(《諸子通誼下》)。其說甚是。因此，其名實觀實爲反人文觀的重要依據之一。

第四章　商鞅反人文觀的實踐

　　商鞅入秦變法，顯然其政治思想曾得以積極執行，反人文觀也得以充分實踐，故本章的探討自有其必要性。至於反人文觀實踐的內容，若據《史記‧商君列傳》記載商鞅變法的項目，抽繹其中有關反人文措施部分，大抵不出法治、經齊、軍事、教育等範疇。以下即針對此四項說明之。

第一節　法治方面

　　商鞅的政治理念在以法治國，所以反人文觀措施最具代表性者爲重刑與重賞制度的實踐。至於重賞制度目的在獎農功、戰功與告姦三者，這可從他壹賞的理論，以及〈開塞篇〉曰：「王者刑用於將過，則大邪不生；賞施於告姦，則細過不失。」得其端倪。由於《史記‧商君列傳》言告姦與斬敵首同賞，故重賞制度以農功與戰功爲探討對象。然而，二者又可分別列屬於經濟、軍事下說明，故本文不擬申述，而以重刑制度爲中心。但重刑制度中的連坐制涉及範圍廣泛，因而將其獨立出來，以下即就此二者說明商鞅在法治方面的反人文實況。

一、重刑制度

　　商鞅受李悝《法經》相秦，並「改法爲律」。然而，商鞅制定的秦律早已散佚，目前雖於史籍中仍可輯得部分的法令條文，但多是只鱗片爪，已無從窺其全貌。以下即根據史籍中零星記載的重刑法令，條列如次：

　　1.「令民爲什伍，而相牧司連坐。不告奸者腰斬，告姦者與斬敵首同賞。」（《史記‧商君列傳》）

　　2.「爲私鬥者，各以輕重被刑。」（同上）

3.「事末利及怠而貧者，舉以爲收孥。」（同上）

4.「令民父子兄弟同室內息者爲禁。」（同上）

5.「舍人無驗者，坐之。」（同上）

6.「步過六尺者，有罰。」（《史記‧商君列傳》裴駰《集解》引《新序》）

7.「棄灰於道者黥」。（《漢書‧五行志》）〔註1〕

至於有關商鞅用刑的種類及用刑的實例，據史料記載整理，大略如下表所示。

刑名種類	內容釋義	實　　　例	出　　　處
連坐	一人犯罪牽連他人	商鞅亡至關下，投宿無門。商鞅被捕，全家慘遭殺滅。	《史記‧商君列傳》〔註2〕
腰斬	用鐵鉞從腰部斬殺		《史記‧商君列傳》
參夷	夷父族、母族、妻族		《漢書‧刑法志》〔註3〕
鑿顛	鉆頭頂骨致死		《漢書‧刑法志》
抽脅	疑是抽筋致死		《漢書‧刑法志》
鑊烹	鍋煮致死		《漢書‧刑法志》
車裂	用車分裂人體	商鞅被捕，卒車裂而亡。	《史記‧商君列傳》〔註4〕
黥	刺墨於面	孝公時，太子犯法，黥其師公孫賈。	《史記‧秦本紀》《史記‧商君列傳》〔註5〕
劓	割鼻	公子虔犯約，遭劓刑。	《史記‧商君列傳》〔註6〕
遷	遷徙邊境	商鞅遷議令者至邊城。	《史記‧商君列傳》〔註7〕
收	收錄爲奴婢		《史記‧商君列傳》

〔註1〕除《漢書‧五行志》記載外，如《鹽鐵論‧刑德篇》亦言：「商君刑棄灰於道而秦民治。」《史記‧商君列傳》裴駰《集解》引劉歆《新序》言：「棄灰于道者被刑。」《史記‧商君列傳》司馬貞《索隱》引《說苑》言：「刑棄灰于道。」《史記‧李斯列傳》亦有類似記載。

〔註2〕《史記‧商君列傳》記載：「商君亡至關下，欲舍客，舍客人不知其是商君也。曰：『商君之法，舍人無驗者坐之。』」又記載：「商君反，發吏捕之，滅其家。」

〔註3〕《漢書‧刑法志》言：「陵夷至於戰國，韓任申子，秦用商鞅，連相坐之法，造參夷之誅；增加肉刑、大辟，有鑿顛、抽脅、鑊亨之刑。」

〔註4〕《史記‧商君列傳》言：「惠王立，公子虔之徒言商君欲反，發吏捕之，卒車裂以徇秦國。」

〔註5〕《史記‧秦本紀》記載：「鞅曰：『法之不行，自上犯之。』將法太子。太子，君嗣也，不可黥，黥其傅師，於是法大用。」《史記商君列傳》記載：「黥其師公孫賈。」

〔註6〕《史記‧商君列傳》記載：商君既變法，「行之四年，公子虔復犯約，劓之。」

〔註7〕《史記‧商君列傳》記載：「孝公用衛鞅，下變法之令，行之十年。秦民初言令不便者，有來言令便者。衛鞅曰。『此皆亂化之民也』，盡遷之於邊地。」

商鞅的重刑制度所以爲反人文的落實，可從上述的法令條文與刑名種類得知。

（一）就法令條文而言

商鞅制定的法令條文有刑重且繁的現象。在刑重方面：例如「刑棄灰於道者」，《史記·李斯列傳》曰：「夫棄灰，薄罪也；而被刑，重罰也。」已說明商鞅輕罪重罰的情形。因此，《韓非子·內儲說上篇》亦批評商鞅之法是「重輕罪」。

在刑繁方面：由於輕罪重罰，則其法必然嚴密、罪多。故《鹽鐵論·刑德篇》曰：「秦法繁於秋荼而網密於凝脂。」而且，據睡虎地秦墓竹簡記載的法律，有〈田律〉、〈廄苑律〉、〈倉律〉、〈金布律〉、〈關市〉、〈工律〉、〈工人程〉、〈均工〉、〈徭律〉、〈司空〉、〈置吏律〉、〈效〉、〈軍爵律〉、〈傳食律〉、〈行書〉、〈內史雜〉、〈尉雜〉、〈屬邦〉、〈除吏律〉、〈游士律〉、〈除弟子律〉、〈中勞律〉、〈藏律〉、〈公車司馬獵律〉、〈牛羊課〉、〈傅律〉、〈敦（屯）表律〉、〈捕盜律〉、〈戍律〉等二十餘種。其中雖有部分條文乃商鞅死後所累增。然而，亦不能否定商鞅遺法可能的影響。換言之，此即商鞅刑繁的延伸與證明。

（二）就刑名種類而言

商鞅制定的刑名種類，至少有上表的十一種，大多有刑罰酷烈的現象。例如：死刑的抽脅之刑、鑿顛之刑、鑊烹之刑、腰斬之刑等，由刑名釋義不難推知其爲極端不合人道的行刑方式，「酷烈」二字誠不足以形容。又如：刑法中的連坐制，株連廣泛。《史記·商君列傳》裴駰《集解》引《新序》之言曰：「一日臨渭而論囚七百餘人，渭水盡赤。號哭之聲，動於天地。」由刑犯七百餘人，不難揣測其間無辜而受株連者，定不在少數。以上在在說明其濫肆刑殺、草菅人命的一般情形。據此，可斷言商鞅重刑制度是不講道理、不合常情的。

商鞅之法就法令條文分析，是刑重且繁；就刑名種類分析，是酷烈而不合常理已如上述。因此，蘇轍於《古史·商君列傳》曾批評曰：

> 古之制，刑輕重必與事麗，殺人者死，傷人及盜抵罪，故人雖死而無憾。今鞅使不告姦者腰斬，告姦者與斬敵首同償，匿奸者與降敵同罰，民有二男不分居者倍賦，事末利及怠而貧者舉以爲收孥，刑之輕重，豈復與事麗哉？

觀其言，係主張罪刑相當以服人，而商鞅之法刑重、繁密且殘酷，是刑過其實。其目的雖在「以刑去刑」，但根據《尹文子・大道下篇》曰：

> 老子曰：「民不畏死，如何以死懼之。」凡民之不畏死，由刑罰過。
> 刑罰過，則民不賴其生。生無所賴，視君之威末如也。刑罰中，則
> 民畏死，畏死由生之可樂也。知生之可樂，故可以死懼之。

所以嚴刑峻法是否足以服民，不得不令人質疑。丘漢平先生於《先秦法律思想》一文，即提出輕罪重刑的謬誤，歸納其要旨有三：

1. 輕罪刑重，是事實與法律不符，並非眞正的法治精神。
2. 小罪重刑，例如竊盜同爲死罪，已違背法律的公道目的。
3. 小罪大刑，以爲大罪不生，此乃錯誤觀念。例如竊與盜皆死罪，將使竊者爲盜。

上述第一、二項說明商鞅法治與現代所期求的法治實爲名同實異。第三項則與「刑不與事麗」相呼應，是蘇轍未盡之言的陳述。此觀點並可與《老子・第五十七章》：「法令滋章，盜賊多有。」相發明。因小罪重罰則罰繁，人民動則得咎，反而將逼上梁山。若欲小罪、大罪銷聲匿跡，實爲不可能。

然而，商鞅郤以爲唯有藉重刑的威嚇方式始可制民，足見已物化人性，否定人有向善可能。質言之，其反人文的實踐，已否決了道德主體性的存在。

二、連坐制度

獎告姦的連坐制度，其內容就《史記・商君列傳》的記載，可觀知大略，其言曰：

> 令民爲什伍，而相牧司連坐，不告姦者，腰斬；告姦者，與斬敵首
> 同賞；匿姦者，與降敵同罰。

據此，商鞅新法的戶口編制是採什伍制度〔註8〕，使民互相糾察監視。告發奸人則予以重賞，不告發奸人或隱匿奸人，則行重罰。而且同什伍中，一人有罪，他人連帶有罪。亦即司馬貞《索隱》所謂的「一家有罪而九家連舉發，若不糾舉，則十家連坐。恐變令不行，故設重禁。」

《商君書》中亦有連坐制的記載。如〈賞刑篇〉曰：

〔註 8〕 楊寬説：「所謂『連什伍』，是要按戶籍的什伍編制而實行連坐法，這是建立在過去秦獻公「爲戶籍相伍」的基礎上的，並不是說商鞅在這時開創了戶籍的什伍編制。」引自《七國考訂補》，頁653。

　　守法守職之吏有不行王法者，罪死不赦，刑及三族。周官之人，知
　　而訐之上者，自免于罪，無貴賤，尸襲其官長之官爵田祿。

此段說明連坐制不分人民、官吏一律施行，且有三族連坐的規定。又〈境內篇〉曰：

　　其戰也，五人束簿爲伍，一人死而剄其四人。

〈畫策篇〉又曰：

　　行間之治，連以五。

可見連坐法在軍隊中亦實行。故徐復觀先生指出：「這一方面是軍事組織、軍事控制；同時又是刑法組織，刑法控制。」(《兩漢思想史》，頁 122) 由上引《商君書》的言論，大抵有助於對連坐制度的了解。

　　此外，商鞅連坐制，歷來文獻多有提及。如《韓非子・定法篇》、〈和氏篇〉、《淮南子・泰族篇》、《鹽鐵論・非鞅篇》、《漢書・刑法志》等〔註9〕。據此，可推知連坐制確實是商鞅變法的重要內容。至於《史記・秦始皇本紀》記載嫪毐獲罪，「及其舍人，……及奪爵遷蜀四千餘家，家房陵」的例子，〈李斯列傳〉記載趙高言：「嚴法刻刑，令有罪者相坐誅」的計策。二者應是商鞅連坐遺法的施行。此外，睡虎地秦墓竹簡言及什伍連坐的律文亦不少，如〈秦律刑罰考析〉一文，曾歸納睡虎地出土秦律的連坐制主要用於四種犯罪：

（一）政治犯罪

　　這種罪連坐的範圍廣，懲罰重。如秦始皇九年、十一年，分別坐嫪毐、呂不韋的官吏、屬僚多達幾千家。

（二）有礙封建國家賦徭徵收和隱匿人口的犯罪

　　這類罪連及里典、伍老和同伍之人。〈秦律雜抄〉：「百姓不當老，至老時不用請，敢爲酢（詐）僞者，貲二甲；典老弗告，各貲一甲；伍人戶一盾，皆罨（遷）之。」

（三）偷盜罪

　　這種罪一般連及同居。如〈法律答問〉：「盜及諸它罪同居所當坐。」有

〔註9〕《韓非子・定法篇》曰：「公孫鞅之治秦也，設告相坐而責其實，連什伍而同其罪。」〈和氏篇〉曰：「商君教秦孝公以連什伍，設告坐之過。」《淮南子・泰族篇》曰：「商鞅爲秦立相坐之法。」《鹽鐵論・非鞅篇》曰：「商鞅以重刑峭法爲秦國基，……刑既嚴峻矣，又作爲相坐之法。」《漢書・刑法志》曰：「秦用商鞅相連坐之法。」

的也連及典、伍和周圍的人。如〈法律答問〉:「律曰與盜同法,又曰與盜同罪,此二物同居、典、伍當坐之。」

(四)官吏上下級、薦舉人與被薦舉人之間的連坐犯罪

〈效律〉:「尉計及尉吏即有劾,其令、丞坐之。」〈法律答問〉:「任人為丞,丞已免,後為令,今初任者有罪,令當免不當?不當免。」這說明如若不足薦舉者後來為令,原來他所薦舉的人犯了罪,還是要連坐的。

由上列四點可知秦律連坐範圍廣泛。但已知他人犯罪而先告官,得免連坐,如〈法律答問〉規定:「夫有辠(罪),妻先告,不收。」〔註10〕若告姦,即使夫妻亦得免連坐。顯然上引秦律的律文與商鞅連坐制有連貫性,可說是在商鞅連坐制的基礎上發展而成。故足為商鞅連坐制的佐證。

商鞅的連坐制屬於重刑制度,所以具有刑重、殘酷等特色。此外,它對我國傳統禮制精神,亦有強烈破壞性。這可從連坐制不別親疏的動機與不重情誼的流弊探討。

一就不別親疏言:《禮記‧喪服小記》記載:「親親尊尊,人道之大者也。」《中庸‧第二十章》記載:「親親之殺,尊賢之等,禮所生也。」故長幼尊卑有等的人倫關係,是禮的根本。而主張告姦的連坐制,不別親疏(可參見第三章名實觀的說明),與傳統禮制強調人倫的關係不能契合。

二就無視人與人之間的情誼言:梁漱溟先生於《中國文化要義》第五章曾指出:「中國是倫理本位底社會。」並言:「倫理關係即是情誼關係。」而獎告姦的連坐制,很可能流為誣告,則人與人將不以仁相對待。實則,出土秦律已反映在秦統治者實行連坐和獎告奸的威逼利誘下,社會上已出現大量誣告事例。故〈法律答問〉有「伍人相告,且以避罪,不審,以所避罪罪之。」的規定。顯然此法已破壞禮制的精神。因此,馬端臨於《文獻通考》,卷十二〈職役考一〉曾言:

> 秦人所行什伍之法,與成周一也。然周之法,則欲其出入相友,守望相助,疾病相扶持。是教其相率而為仁厚輯睦之君子也。秦之法,一人有姦,鄰里告之,一人犯罪,鄰里坐之。是教其相率而為暴戾刻核之小人也。

又瀧川資言於《史記會注考證‧商君列傳考證》運用《孟子‧滕文公上篇》

〔註10〕本文所引是據〈文物〉1976年第八期上發表的釋文。雲夢秦墓竹簡整理小組將秦簡整理成三部分,分別發表於〈文物〉1976年第六至八期。

之言，加以批評曰：

> 鄉田同井，出入相友，守望相助，疾病相扶持，鄰里相保之法，自
> 古有之。但彼以親睦為主，此以司察為先。

據此，可知商鞅連坐制與我國傳統禮制著重守望相助、疾病相扶持的精神與
規範對立，故為反人文的重要實踐。

第二節　經濟方面

　　商鞅在經濟方面的反人文實踐，據《史記·商君列傳》與《商君書·墾
令篇》分析有獎農功與抑商賈的法令條文，以下分述之。

一、獎農功

　　商鞅獎農功的實踐，《史記·商君列傳》記載有：「僇力本業，耕織致粟
帛多者復其身。」「復其身」是「致粟帛多者」的鼓勵，其涵意大抵有三說：
（一）相對於下文「事末利及怠而貧者，舉以為收孥。」而言。所以復其身
是從奴隸恢復為自由民的身分。（二）指免除賦役，如〈境內篇〉言：「能人
得一首則復」。（三）指免除兵役，如〈徠民篇〉言：「令使復之三世，無知軍
事」。所以首先應將「復其身」的意義加以界定。

　　根據王曉波先生於〈商君與商君書的思想分析〉一文中所言，以為「復
其身」係相對於「收孥」而言，其曰：

> 「復其身」何義？歷來有不同的說法，但相對於「事末利及怠而貧
> 者，舉以為收孥」而言，當是指「收孥」的反面。我們知道當時除
> 了公田之外，已有私田的存在，農民雖有自己開闢出來的私田，但
> 其身分還是公田的農民，要受到一些約束。所以，商君以「復其
> 身」，也就是解除約束，來鼓勵「致粟帛多」。鼓勵的反面就是處
> 罰，對那些已經游離出農村而「事末利」的工商之人，若其「怠而
> 貧」就給予「收孥」的處罰。「收孥」來的人做何用呢？當然不會白
> 白的奉養他們，我們推斷當是賞給有功者作家奴，或去從事公田的
> 生產。商君這項政策實行的結果，當是「致粟帛多」和「復其身」。
> 關於前者就是「富國」；關於後者便是正式承認自耕農或私有地主的
> 存在了。

因商鞅第二次變法，方實行廢井田開阡陌的制度，在此之前井田未廢，公田

仍存在，農民多是助耕奴隸，所以「復其身」為解除約束的說法頗合實情，而且與下文配合，故從此說。

由於我國自古以農立國，人民與農業的關係，誠如《四庫全書總目提要‧子部‧總敘》所說：

> 民，國之本也；穀，民之天也。

在民賴農維生的情況下，商鞅獎農功，自然使人聯想其正面價值。例如：章炳麟先生於《訄書‧商鞅》中曾言曰：

> 功堅其心，糾其民於農牧，使鄉之游惰無所業者，轉而傅井畝。是故蓋藏有餘，而賦稅亦不至於缺乏。其始也穀，其終也交足。異乎其屬民以鞭箠，而務充君之左藏也。

至於此項措施的優點，牟宗三先生於〈中國文化大動脈中的現實關心問題〉一文中指出，商鞅已設計一個差等社會的藍圖。並言：「運用適當的差等原則以解放人們的創造力謀求社會進步乃是必須的。」所以，在「訾粟而稅，上壹而民平」（〈墾令篇〉）的原則上，對男耕女織生特產多者給予優待，可鼓勵人民為國所用。顯示此措施有一定的意義與貢獻。

然而，今將其列入反人文的實踐，也有個中因由。商鞅重農的目的是在富國，但其富國並非富民，這可從商鞅提倡納粟任爵的理論窺知他並不關心人民的貧富，只是關心民貧或民富之後，對國家有無利益。所以，商鞅要貧者富，並非樂見人民富足，而是以富足為誘餌，迫使人民為君主賣命效力。

以上的論述，與唐端正先生〈商鞅的強國之術〉、程兆熊先生〈重農抑商政策與兩種自由〉的觀點雷同。其中程先生之說尤為精進，歸納其要旨約有二端：

一是商鞅只見到農業在國富和國力上占有重要地位，而忽略歷史、文化上的地位。因而，農業在民生與國防上不能合一。故其所獲結論是「民貧則國富」，而不是「百姓不足，君孰與足？」

二是商鞅重農之道，只在國富與兵強。而國富與兵強又只是為主上一人。故所謂重農，實不過重此一人。

因此商鞅設計的差等社會藍圖，出發點是藉法令的強制力驅策人民成為生產機器。至於其內涵則是配合對人性的了解，因而不出以利誘民、以名誘民的方式。從商鞅獎農功的動機看，顯然是視民如形下器物，其為道德主體性的否決應可成立，此所以本文將其列為反人文的重要實踐之一。

二、抑商賈

　　商鞅抑制商業發展的法令，目前僅見於《商君書・墾令篇》的記載，其條文有四：

1. 使商無得糴，農無得糶。農無得糶，則窳惰之農勉疾。商不得糴，則多歲不加樂。多歲不加樂，則饑歲無裕利。無裕利則商怯，商怯則欲農，窳惰之農勉疾，商欲農，則草必墾矣。〔註11〕

2. 貴酒肉之價，重其租，令十倍其樸。然則商賈少，農不能喜酣奭，大臣不爲荒飽。商賈少，則上不費粟。民不能喜酣奭，則農不慢。大臣不荒，則國事不稽，主無過舉。上不費粟，民不慢農，則草必墾矣。

3. 重關市之賦，則農惡商，商有疑惰之心。農惡商，商疑惰，則草必墾矣。

4. 以商之口數使商，令之廝、輿徒重者必當名，則農逸而商勞。農逸則良田不荒，商勞則去來賫送之禮，無通於百縣，則農民不饑，行不飾。農民不饑，行不飾，則公作必疾而私作不荒，則農事必勝，則草必墾矣。

　　觀其言，商鞅用不得買賣穀物，並實行重租、重稅、重勞役等方式壓抑商賈，阻礙商人出現。而且，據馬宗申先生於《商君書論農政四篇注釋》一文中的考證成果顯示，我國對酒類徵收重租以及對商人課徵重稅始於商鞅治秦。並言我國歷代的統治者實行酒権（酒類官賣）及對酒類徵收重租，主要是爲增加財政收入「以佐國用」，並不止於重農。當今政府實行煙酒公賣的目的，亦在增加財政來源。

　　其論述「貴酒肉之價，重其租」可佐國用的好處甚確，但言商鞅有此目的，可能有推論過當之嫌。因商鞅言「商賈少，則上不費粟」。一則指酒商從事農業，本人及家屬口糧轉由本身供給，將不費粟。再則說明釀酒需糧食作原料，今酒商少，自然不費粟。因此，顯然商鞅對酒類課收重租，仍純爲重農。

〔註11〕王時潤《商君書斠詮》說：「糴糶二字當互易。」高亨〈商鞅與商君書的批判〉一文中，即採此說。其言：「糴是買糧，糶是賣糧。依這段原文是說商人不得買米，農民不得賣米。如果商人不得買米，試問他們吃什麼？農民不得賣米，試問他們用什麼買用具和材料？所以王時潤說：『糴糶二字當互易』還是對的。商氏認爲農民不得買米，就不能不努力農作以求自給。商人不得賣米，就不能在販賣糧米上從中取利，尤其是在荒年沒有囤積居奇的機會，這樣限制，商人就膽怯了。」收錄於高著《文史述林》，頁 270，本文亦從其說。

　　至於商鞅對商人課徵重租的情形，若與先秦諸子的政策稍作比較，即能明其大略。例如：《孟子‧梁惠王下篇》曾言曰：

> 昔者文王之治政岐也，關市譏而不徵。

孟子主張對商業販運稽查和管理，並不徵稅。《荀子‧富國篇》言曰：

> 平關市之徵，省商賈之數。

荀子主張減少商賈人數，但言及商人徵稅問題時，仍明示應輕重適當。又《韓非子‧五蠹篇》曰：

> 夫明王治國之政，使其商工游食之民少而名卑。

韓非重農抑商的辦法，只是限制工商人數，降低其社會地位，亦未言徵收重稅。據此，可知商鞅抑商的程度。

　　至於商鞅貶斥商賈所以爲反人文的實踐，可從其動機探討。今試觀上列抑商賈的法令，表面是冠冕堂皇的重農政策。實則，是出自政治觀點的愚民策略。因商賈憑藉專業知識技能謀生，將動搖欲民務農的政策。爲使民服從國君領導，遂徹底禁止技能科學。因此，其欲民愚昧無知而致力耕戰要務，是回歸到「民不可與慮始，而可與樂成。」（《商君書‧更法篇》）的尊君邏輯裡。換言之，藉輕末事的愚民政策以鞏固君上的權威，相對的，也就犧牲和削減人權的重要性。故胡樸安於《商君書解詁‧序》曰：

> 以農戰爲要務，不思啓發人民之知識，惟愚民以求易使，剝人權太甚。

所謂知識已包括專門技能。而「人權」一詞是近代觀念，此觀念極爲複雜，簡言之，係肯定個人在社會國家中的基本權利。關於人權的構成要素及發生程序，成中英先生於〈論人權的人性本質〉一文，曾歸納爲六項：（一）人性的自覺。（二）人性的他覺。（三）人性的互覺。（四）理性的概化（肯定）。（五）理性的立法。（六）理性的保障。可知肯定人權即是尊重人性與理性，而此眞理亙古已存，並不因人權觀念發現的遲緩影響其存在。因此，商鞅愚民以現代名詞言之，爲剝奪人權，亦即否定人性與理性，故爲反人文的落實。〔註12〕

〔註12〕高亨從工商業與農業的關係上分析，也認爲商鞅抑商賈的主張過於主觀片面。他指出：「歷史已經證明，農業與工商業的發展是互相推動的。國家的富強不僅依靠農業的繁榮，也依靠工商業的繁榮，近代是這樣，古代也是這樣。」收錄同上，頁272。

第三節 軍事方面——尚首功

商鞅在軍事方面的反人文實踐，最具代表性的是尚首功制度。據《史記・商君列傳》記載曰：

> 有軍功者，各以率受上爵。……宗室非有軍功論，不得爲屬籍。明
> 尊卑爵秩各以差次，名田宅臣妾衣服以家次。有功者顯榮，無功者
> 雖富無所芬華。

由此段變法內容分析，其欲建立一「尊卑爵秩」分明的社會。凡爵位、田宅大小、衣服樣式、臣妾數量，皆依軍功大小而定。其以軍功大小重訂社會地位，打破了封建制度中爵位爲貴族獨有的現象。所以這是一種成就地位，而非歸屬地位〔註13〕，此乃商鞅的創舉。

既然商鞅重軍功，而作爲賞賜爵祿的標準，即建立在殺敵多寡的人數上。《商君書・境內篇》曰：

> 軍爵，自一級已下至小夫，命曰校徒操士。公爵，自二級已上至不
> 更，命曰卒。……五人一屯長，百人一將。其戰，百將屯長必得斬
> 首：得三十三首以上，盈論，百將屯長賜爵一級。……能攻城圍邑
> 斬首八千已上，則盈論；野戰斬首二千，則盈論。吏自操及校以上
> 大將，盡賞行間之吏也。故爵公士也，就爲上造也。故爵上造，就
> 爲簪裹。故爵簪裹，就爲不更。故爵不更，就爲大夫。爵吏而爲縣
> 尉，則賜虜，六加五千六百。爵大夫而爲國尉，就爲官大夫。故爵
> 官大夫，就爲公大夫。故爵公大夫，就爲公爵。故爵公乘，就爲五
> 大夫，則稅邑三百家。故爵五大夫，就爲庶長；故爵庶長，就爲左
> 更；故爵三更也，就爲大良造，皆有賜邑三百家，有賜稅三百家。
> 爵五大夫有稅邑六百家者，受客。……䰠由丞尉，能得甲首一者，
> 賞爵一級，益田一頃，益宅九畝。級除庶子一人，乃得入兵官之
> 吏。

據此，商鞅以爵賞首功。至於〈境內篇〉所載的爵名有一級至十六級。一爲公士，二上造，三簪裹，四不更，五大夫，六官大夫，七公大夫，八公乘，九五大夫，十左庶長，十一右庶長，十二左更，十三中更，十四右更，十五

〔註13〕此說出自王曉波，〈商君與商君書的思想分析〉一文，其意言「成就地位」的取得是靠軍功，「歸屬地位」的取得是根據血緣的親疏而定。收錄於《先秦法家思想史論》，頁149。

小上造，十六大上造。然而，《漢書・百官公卿表》言秦有爵二十級，與〈境內篇〉略有不同。其言曰：

> 爵：一級曰公士，二上造，三簪褭，四不更，五大夫，六官大夫，七公大夫，八公乘，九五大夫，十左庶長，十一右庶長，十二左更，十三中更，十四右更，十五少上造，十六大上造，十七駟車庶長，十八大庶長，十九關內侯，二十徹侯。

大抵二十等爵在商鞅時未形成，但基本體系成於商鞅應無疑問。

商鞅爵制的大概如上述，而其論功行賞的方法，則為晉爵的關鍵。《韓非子・定法篇》曰：

> 商君之法曰：「斬一首者爵一級，欲為官者為五十石之官；斬二首者爵二級，欲為官者為百石之官。」官爵之遷與斬首之功相稱也。

歷來說明商鞅尚首功的晉爵方法，多針對韓非之言敷衍鋪陳。然而，杜正勝先生於〈從爵制論商鞅變法所形成的社會〉一文，認為斬一首爵一級，則秦爵無法消化無盡的首功，且將導致人人優官、戶戶高爵的現象。因此，他認為韓非所引商君之法，只是爵制中的一條或少數法令，不可當作唯一的原則。並進而據〈境內篇〉分析，提出商鞅軍功授爵的辦法。今分四點轉述其說：

1. 一級公士不必有軍功，是秦君的恩賜。
2. 二級上造、三級簪褭和四級不更，便全憑個人戰功而晉升，原則上是依照韓非所述商君之法斬一首爵一級的方式。
3. 第四級以後則不能按此方法晉升，須擔任屯長或百將，而所率領的部隊在一次戰役中獲得三十三首，才得以晉爵。
4. 除上述外，又有能得甲首一者，賞爵一級，並益以田宅、庶子的辦法。此因「甲首」與一般斬首不同，他是各行伍的首腦，斬獲困難，故得厚賞。〔註14〕

綜觀杜先生的研究成果，已突破陳說，且可信度高〔註15〕。因此，可知

〔註14〕 杜正勝舉《新序・義勇篇》記載卞莊子的故事證明甲首非輕易可斬獲。〈義勇篇〉言：「卞莊子好勇，養母，戰而三北，交遊非之，國君辱之。及母死，三年冬，與魯戰，卞莊子請從，見於魯將軍曰：『初與母處，是以北，今母死，請塞責而神有所歸。』遂赴敵，獲一甲首而獻之，曰：『此塞一北。』又入，獲一甲首而獻之，曰：『此塞再北。』又入，獲一甲首而獻之，曰：『此塞三北。』」由卞莊子獲一甲首而抵一次敗北之辱，可知甲首的不易獲取。

〔註15〕 杜正勝又引近年青海大通縣上孫家寨一一五號漢墓出土的大批漢簡來推斷秦爵，故可信度高。

商鞅的軍功授爵制度相當複雜，非「斬一首者爵一級」所能涵蓋。由於以首功授爵，士卒是否會以戰死同袍或老弱婦人的首級來充數邀功，這就涉及考核的嚴密與否〔註16〕。據〈境內篇〉言曰：

　　以戰故，暴首三，乃校三日，將軍以不疑致士大夫勞爵。

蔣禮鴻先生於《商君書錐指》注釋此段時指出：這是「已戰之後，使軍士暴效所斬之首。」可見考核嚴密，應不致投機邀功。因此，杜先生對《史記‧魯仲連列傳》裴駰《集解》記載譙周之言，以為「秦人每戰勝，老弱婦人皆死，計功賞至萬數。」表示了反駁之意。

　　總上所述，可知商鞅尚首功的一般情形。而其所以為反人文的實踐，可從計算首功為晉爵方法的動機上探討。以下就統治者與人民的角度說明。

　　就統治者的立場而言：尚首功不外乎是欲民致力殺敵而強國。但商鞅的強國並非強民衛民。相反的，商鞅認為強國與強民對立，這可從他獎農功並非關心人民的富足類推。得知其強兵自然不是強民，而是欲稱霸天下。由於他認為欲逐其霸業，必需從爭戰中取得。誠如〈畫策篇〉所言：「不勝而王，不敗而亡，自古及今，未嘗有也。」因此，尚首功鼓勵人民爭戰。《韓非子‧定法篇》曾批評此法，其言曰：

　　斬首者，令為醫、匠，則屋不成，而病不已。夫匠者，手巧也。而醫者，劑藥也。而以斬首之功為之，則不當其能。今治官者，智能也；今斬首者，勇力也。以勇力之所加，而治智能之官，是以斬首之功為醫、匠也。

只憑藉勇氣、力量的首功，卻擔任需要智識、才能的公職，如同派他為醫師、工匠般，無異是人才的濫用。此亦揭示統治者尚首功的動機是以民為殺敵工具，所以未顧及政治運作的整體性。

　　就人民的立場而言：商鞅以首功重劃社會地位，庶人可由戰場上的努力改變自己的身分，必然導致戰鬥力的增強〔註17〕。因此，《戰國策‧韓策一》記載張儀說韓王曰：

　　夫秦卒之與山東之卒也，猶孟賁之與怯夫也，以重力相壓，猶烏獲之與嬰兒也。夫戰孟賁烏獲之士，以攻不服之弱國，無以異乎墮千鈞之重，集於鳥卵之上，必無幸矣。

〔註16〕杜正勝於〈從爵制論商鞅變法所形成的社會〉一文，已提出此說。
〔註17〕此即商鞅自利人性觀的運用。

張儀描繪秦卒的勇武，並非空穴來風無跡可循。至於導致人民戰鬥力堅強的原因甚多。可能源於愛國心驅使，亦可能肇自獎賞的誘惑。若從徐復先生《秦會要訂補》記載秦每次戰役斬首無數的情形判斷〔註 18〕，秦士卒簡直是趕盡殺絕。此現象應絕大部分來自士卒的邀功心理。

　　總而言之，從統治者立場看，人民已爲強國工具。從人民本身觀察，則淪爲計利心的奴隸。所以尙首功是道德主體性的汩沒，故爲反人文的實踐。

第四節　教育方面——棄詩書禮樂

　　據《史記·商君列傳》記載商鞅的二次變法分析，可知他在教育方面毫無成績。所以楊承彬先生指出：「在商鞅的新法裡，除了在政治、經濟、軍事及法治等方面所謂『富國強兵』的措施以外，實在找不到一點有關教育制度方面的建樹。」（《秦漢魏晉南北朝教育制度》第二章）然而，若根據《商君書·賞刑篇》所言的「壹教」理論，以及後來《韓非子·五蠹篇》說：「明主之國，無書簡之文，以法爲教；無先王之語，以吏爲師。」的主張，可推測商鞅應重視教育。但其教育是以法爲教、以吏爲師的教育。這種法教合一的教育制度在理論上有落實的可能性，但是否確定曾經實行，由於資料的缺乏，尙無法驗證。因此，本節將論述的重點限定在知識學問與生活技能上。但是商鞅對生活技能的殘害已見第三節抑商賈的論述，故此點不擬重申。因此，本文的重點在探討商鞅對於知識學問方面的摧殘實況。

　　首先，試觀《荀子·彊國篇》記載應侯范睢與荀子的問答曰：

應侯問孫卿子曰：「入秦何見？」荀卿子曰：「觀其風俗，其百姓樸，其聲樂不流汙。其服不挑，甚畏有司而順，古之民也。及都邑官府，其百吏肅然，莫不恭儉敦敬，忠信而不楛，古之吏也。入其國，觀其士大夫，出於其門，入於公門，出於公門，歸於其家，無有私事也。不比周，不朋黨，偶然莫不明通而公也，古之士大夫也。觀其朝廷，其間聽決百事不留，恬然如無治者，古三朝也。……然而懸之以王者之功名，則倜倜然其不及遠矣。是何也？則其殆無儒

────────────────

〔註18〕徐復於《秦會要訂補》，卷十八言曰：「秦尚首功，見於史者，如獻公二十一年與晉戰，斬首六萬；孝公八年與魏戰，斬首七千；惠文王八年與魏戰，斬首四萬五千；後七年，與韓、趙戰，斬首八萬……計共一百六十六萬八千人。而史所缺略不書者，尚不知凡幾。從古殺人之多，未有無道如秦者也。」

邪？」

荀子盛贊秦國的百姓、官吏與朝廷，但卻指出「無儒」的缺憾。此外，洪邁
《容齋續筆》，卷五記載董仲舒之言，其曰：

> 秦禁文學，不得挾書，棄捐禮誼而惡聞之，其心欲盡滅先聖之道，
> 而顯為自恣苟簡之治。

由上引言，可確定秦國斥學，尤其是儒學。至於商鞅斥學的實踐，據《商君
書‧墾令篇》的法令條文分析，約有二條：

（一）無以外權爵任與官，則民不貴學問，又不賤農。民不貴學問則愚，
愚則無外交，無外交則國勉農而不偷。民不賤農，則國安不殆。國安不殆，
勉農而不偷，則草必墾矣。

（二）國之大臣、諸大夫，博聞、辯慧、游居之事皆無得為。無得居游
於百縣，則農民無所聞變見方。農民無所聞變見方，則知農無從離其故事，
而愚農不知，不好學問。愚農不知，不好學問，則務疾農。知農不離其故事，
則草必墾矣。

商鞅除藉法令禁止學問傳播外，《韓非子‧和氏篇》亦記載其有焚詩書的
舉措，其曰：

> 商鞅焚詩書，明法令，塞私門之請，以遂公家之勞，禁游宦之民，
> 以顯耕戰之士。

由於史書多載秦始皇焚書坑儒，未及商鞅，因而不敢妄下斷言。秦始皇焚書
肇自始皇三十四年李斯之奏議。《史記‧秦始皇本紀》記載曰：

> 異時諸侯並爭，厚招游學，今天下已定，法令出一，百姓當家則力
> 農工，士則學習法令辟禁。今諸生不師今而學古，以非當世，惑亂
> 黔首。丞相臣斯昧死言：古者天下散亂，莫之能一，是以諸侯並作，
> 語皆道古以害今，飾虛言以亂實，人善其所私學，以非上之所建立。
> 今皇帝并有天下，別黑白而定一尊。私學而相與非法教，人聞令下，
> 則各以其學議之，入則心非，出則巷議，夸主以為名，異取以為高，
> 率群下以造謗，如此弗禁，則主勢降乎上，黨與成乎下，禁之便。
> 臣請史官非秦記皆燒之。……

從李斯奏議中，可知其諫焚書乃欲防止「人善其私學」後，將「不師今而學
古，以非當世」，且秦統一天下後，若諸子仍爭鳴不已，實有礙國家統一，遂
箝制思想而焚書。

　　由於商鞅廢詩書禮樂、反對議政、禁錮思想在先，所以李斯諫焚書應受商鞅成法遺規的影響。此點前人多已論及，例如：蘇轍《古史・商君列傳》曾言曰：

　　　　至於偶語詩書者棄市，以古非今者族，其端皆自鞅發之。

宋濂《諸子辨・商子》亦謂：

　　　　不貴學問以愚民，不令豪傑務學詩、書，其流毒至嬴政，遂大焚詩、
　　　　書、百家語，以愚天下黔首，鞅實啟之，非特李斯過也。

姚鼐《惜抱軒文集》，第一卷〈李斯論〉則概括的指稱：

　　　　盡棄其師荀卿之學，而為商鞅之學。

可知秦始皇焚書，商鞅實難辭其咎。

　　上述商鞅反學問知識的實踐，首先要說明的是：法令中所言的「學問」、「博聞」涉及範圍廣泛。若根據商鞅列禮樂詩書為蠹害，以及第三章第四節國家觀言商鞅重農而斥詩書禮樂。可知所謂的學問、博聞多指經書的知識。其次，根據第一、二條法令，商鞅禁學目的是為鞏固重農政策。其中第一條法令同時揭示他為重農，因而為防止人民有知識後，與國外聯繫，影響國內的政治路線，遂反對藉「外權爵任與官」。關於此點，朱師轍於《商君書解詁定本》已注釋云：

　　　　管子君臣篇：以援外權；任法篇：鄰國諸侯，能以其權置子立相。
　　　　此管仲政策，禁臣民借外力干政得官。故商君亦用其策。言不以民
　　　　之有外交勢力者，而任爵與官，則民不貴學問，從事游說，而重
　　　　農。

據此，可知反游說與斥詩書有必然關係。故胡樸安於《商君書解詁・序》中曰：

　　　　見策士以游說之口顛倒是非，徒為爭戰之媒，不能收富強之效，於
　　　　是主尚樸之說而棄文。

劉咸炘《子疏》並言曰：

　　　　其惡詩書者，乃以禁遊談，故激言之耳。

由上述可知商鞅斥詩書立意甚偏，至於其所以為反人文的實踐，可歸納三點理由，說明如下：

　　一是其斥詩書實已剝奪人權。此觀點同第二節抑商賈所論，故不復贅言。

　　二是其斥詩書實已排拒賢才。商鞅斥詩書在杜絕游說，至於說者游說國君的目的不外是謀私利或公利二種。前者的代表是縱橫家，後者則以儒家爲主，商鞅則一律排拒之。

　　縱橫家如蘇秦、張儀等人〔註19〕，大抵是透過合縱、連橫的關係，以謀求王霸之業，也藉此成就私人利益。所以他們依恃的是說長論短的工夫和投機取巧的行爲。故班固於《漢書・藝文志》稱其「上詐諼而棄其信」。

　　至於儒家不同於縱橫家，在他有理想的價值觀，例如《論語・子路篇》記載子貢問孔子「何如斯可謂之士矣？」孔子答曰：

> 行己有恥，使於四方，不辱君命，可謂士矣。

孔子弟子曾參發揚師教，對士的精神亦多有闡揚，《論語・泰伯篇》記載其言曰：

> 士不可以不弘毅，任重而道遠。仁以爲己任，不亦重乎？死而後已，
> 不亦遠乎？

可知孔子賦予知識分子的是一永恆不變的價值，其用世是以仁爲己任，非圖求個人利益而枉顧一切。〔註20〕

　　說者的知識大抵源自經書，但由價值觀的不同，其對群經的體會自不相同。質言之，縱橫家未明經書眞諦，故商鞅責斥縱橫家實無可厚非。然而，同時也排拒儒家，則揭示其斥賢才的心態。這種遺賢去知，任法不任賢的現象，並不符合現代民主政治的法治〔註21〕，只是禁錮思想的專權手段而已。

　　三是其斥詩書實已否決教化。我們知道詩書禮樂具有人文化育的意涵。如《春秋左氏傳・僖公二十七年》曰：

> 狐偃曰：「楚始得曹而新昏於衛，若伐曹衛，楚必救之。則齊宋免
> 矣？」於是乎蒐于被廬，作三軍，謀元帥。趙衰曰：「卻縠可，臣亟
> 聞其言矣。說禮樂而敦詩書。詩書，義之府也；禮樂，德之則也；
> 德義，利之本也。夏書曰：『賦納以言，明試以功，車服以庸。』君
> 其試之。」

〔註19〕蘇秦、張儀時代在商鞅之後，但其爲縱橫家代表，故舉之以便於說明。

〔註20〕可參見余英時，《中國知識階層史論古代篇》中的〈古代知識階層的興起與發展〉一文。

〔註21〕唐端正於〈商鞅的強國之術〉一文中曾說：「法家專任勢而不任賢，爲的是不肯把賞罰之權，假手於人，但在一個民主法治的國度裡，還是容許法官有解釋法律的權威。故無論立法者、司法者與行政人員，亦決無只恃勢而不任賢之理。」收錄於唐著《先秦諸子論叢續編》，頁154。

徐復觀先生根據此言曾作了三項結論，其中第二項即指出：「詩書是義之府，禮樂是德之則，詩書禮樂已與現實生活連結在一起，發揮著教戒的作用。」（《中國經學史的基礎》，頁 3）顯然詩書禮樂在春秋時代已經具有教化的意義。此外，《國語‧楚語上》亦曰：

> 莊王使士亹傅太子葳。……問於申叔時，叔時曰：「教之春秋，而爲之聳善而抑惡焉，以戒勸其心……教之詩，而爲之導廣顯德，以耀明其志；教之禮，使知上下之則；教之樂，以疏其穢而鎮其浮……。」

詩書禮樂之教化作用，觀此更加具體明白。因此，商鞅斥詩書禮樂即反對教化，亦即否定了做人道理。此點可就錢穆先生於〈有關學問之系統〉一文，指出中國學問有三大系統的論述中窺知，其言曰：

> 第一系統是「人統」，其系統中心是一人。中國人說：「學者所以學爲人也。」一切學問，主要用意在學如何做一人，如何做一理想有價值的人。……第二系統是「事統」，即以事業爲其學問系統之中心者，此即所謂「學以致用」。……第三系統是「學統」，此即以學問本身爲系統者。

揆諸其意，可知我國學問的主流是第一系統〔註 22〕，至於第三系統是一客觀外在的學術系統，在先秦時代似乎未體認其存在。而法家只講如何治國，可納入第二系統，而且只限於事統不能上通人統。這由其棄知識學問可得知。因此，商鞅擯斥經書是反對教化，亦即否定了做人道理。

綜觀上述理由，商鞅斥詩書，不僅是剝奪人權、排拒賢才，甚至是陷民於無文化教養中。在此情況下，誠如唐慶增先生於《中國經濟思想史》中所言的「養成椎魯之風」〔註 23〕。若此，人與禽獸何異！故其斥知識學問爲反

〔註22〕錢穆並將西方學問的大體和中國傳統相比，其言：「西方人最缺乏中國傳統中之第一系統，即他們並不注意到如何做人這一門學問。……做學問的則只問如何做一學者，如哲學家、文學家；其他則如做一政治家、律師、醫生、及各種行業中的人物等，他們卻似乎沒有一個共通的做人理想。……因此，中國學問都自第一系統遞進而至第二系統第三系統；而西方則正相反。」

〔註23〕唐慶增言：「商子主張極端之干涉主義，借法令力量，以從事於愚民，主張不免過偏。……其結果足以絕民智，養成椎魯之風，此其流弊一。又農業非不應提倡，但商子因欲貫澈其主張，竟至排斥詩書禮樂，商君本人固曾燔詩書，降至始皇，焚書坑儒，爲我國文化之致命傷，……此其流弊二。」詳見唐著《中國經濟思想史》，頁 279。

人文的實踐。

　　以上從法治、經濟、軍事、教育方面探討商鞅反人文的實踐，多就顯而易徵者說明，其間缺失與疏漏處，則待日後補充。

第五章　結　論

　　商鞅爲因應「禮壞樂崩」的挑戰，採取「以法廢禮」的型態重建社會秩序，所以與傳統德治禮治形成水火不容的對立。而他唯法是言，唯法是從的利弊，據《魏鄭公諫錄》，卷三記載的一段對話，略可得知。其言曰：

> 太宗曰：「周孔儒教非亂代之所行，商韓刑法，實清平之秕政。道既不同，固不可一概也。」公對曰：「商鞅、韓非、申不害等，以戰國縱橫，間諜交錯，禍亂易起，譎詐難防，務深法峻刑，以遏其患，所以權救於當時，固非致化之通軌。」

所以商鞅深法務刑是因時而生，其優點在信賞必罰，阻遏時患。我們試觀其治秦，首下徙木予金之令，以明不欺。而後，太子犯法則刑其傅公子虔、黥其師公孫賈，又設置苛法，使百官、黔首奉令不移。秦邑能「道不拾遺，山無盜賊」，確實是執法不撓之效。

　　然而，魏鄭公的重點在「非致化之通軌」，即以法肆威，並非久安之策。此點嚴萬里先生於《商君書新校正‧序》中也指出：

> 蓋以力服人，力竭而變生；以德服人，德成而化盛。

可知商鞅法治非長久之計。究其原委，實肇自政治、道德分道揚鑣，遂倡法治，而反對詩書禮樂孝弟誠信。也就是違背了人性、人倫、人道、人格、文化的價值，形成反人文現象。這種反人文觀點，透顯在他的理論體系與行動中。換言之，其理論體系也就是反人文觀的基礎，行動則是反人文觀的落實。

　　不過，有一點要補充說明者，商鞅突出法治，擯斥德治，顯然其政治思想不能植根於人之道德心靈的自覺。這反映了他的人性觀無明，是形成反人

文觀的最大緣由。也就是人的主體性不明，是他政治慧根斷滅之處。因此，商鞅反人文觀雖是以歷史觀、人性觀、法治觀、國家觀、名實觀五大理論爲基礎，實則，這五大理論潛存著輕重之別，其中以人性觀爲根柢。以下就反人文觀的理論與實踐內容說明如下：

第一節　就理論體系而言

歷史觀方面，商鞅堅持歷史進化的觀點，貫徹他「世事變而行道異」（〈開塞篇〉）的主張。由於已失去內在主體的根源，在心性計利的作用下，人的行爲受外物束縛。因此，對歷史動向不能從內心省察，反而以外在客觀環境與物質條件的變遷爲依據。其雖言「當時而立法，因事而制禮」（〈更法篇〉），似乎是以人爲主而應事備變。然而，這是人對應客觀情境，不得不變。所以，仍是外在物勢決定人爲策略。這是他心性主體無明，不能體常盡變的結果。在此情況下，自然不能體察禮治的眞諦，遂產生反歷史文化的措施。

法治觀方面，商鞅提倡「以法爲體，以刑爲用」的法治主義。爲避免動搖法治基礎，遂杜絕禮治，擯斥賢才，反對議政。並主張尊君，藉「任法去私」鞏固之。同時爲使民俯首臣服，以「刑無等級」的「壹刑」與「以刑去刑」的「重刑」箝制之。足見他的人性觀對法的內涵起了相當的作用。因心性俱墨，根本無爲善可能，所以立法不思養善，惟在禁姦。因心性計利，德智之士皆不足信，法亦不許議。又立法要發生實際制約行爲的效力，因而以威劫爲化，殘忍爲治。凡此，揭示其法治不包含道德反省，可說是以物限定人，非以人爲主宰。

國家觀方面，商鞅肯定尙力的學說，經濟政策在重農，軍事思想在尙武。並以「壹賞」任驅使，以「壹教」造風氣，以「壹刑」立功效。顯然仍無法脫離人性觀的束縛，個人生命價值無法流出，於是目標朝向富國強兵，只計農戰的有形之功，而不知道德學術對千古未來的大功。於是有見於國，無見於人，形成本末顛倒現象。

名實觀方面，商鞅強調信賞必罰，至於人倫之名，由於心性計利，內在主體性沉淪，根本無法展開。乃至於殘害至親，傷恩薄厚。

第二節　就政治實踐而言

法治方面，目前散存的法令條文與刑名種類，反映了刑重且繁的現象。

尤其是連坐制的推行，在在揭示其濫施酷刑、荼毒人民的情形。顯然這是出自商鞅對人性計利的了解，利用人畏威畏法的心理。因而以苛刑重罰的恐怖方式控制人民，而忽視了道德無形的潛在。

經濟方面，以「復其身」的方式獎農功，以重租、重稅、重勞役等方式抑商賈。不外是人情趨避的掌握，可知也是受人性觀的支配。

軍事方面，貫徹尚首功的制度，又配合連坐制的施行，所以軍士奮勇殺敵。這種要之以功，戒之以刑的方式，是運用人民的好利之心，視民為物質工具，同時也助長了利欲的氾濫。

教育方面，排斥詩書禮樂，目的在壹民於農。實則，詩書與務農並非全然矛盾衝突。然而，商鞅卻截然劃清界線，足見他受人性計利的束縛，以為人有學問則必棄農求利。

綜上以觀，商鞅的人性觀無明，是形成反人文觀的根本徵結所在。所以儘管他在政治上有創造性的建設，但失卻本源而終歸毀滅。這是我們探討商鞅反人文觀時，首當明白的，故言此作為全文的結束。

主要參考書目

一、專　著

1. 朱師轍，《商君書解詁定本》，世界書局，民國 64 年出版。

2. 嚴萬里，《商君書新校正本》，收錄於王雲五主編之《萬有文庫簡編》第三十冊，商務印書館，民國 28 年出版。

3. 簡書箋、嚴萬里校，《商君書箋正》，廣文書局，民國 64 年出版。

4. 蔣禮鴻，《商君書錐指》，北京中華書局，民國 75 年出版。

5. 賀凌虛，《商君書今註今譯》，商務印書館，民國 77 年出版。

6. 孫星衍、孫馮翼校，《商子》，問經堂叢書。

7. 馬宗申，《商君書論農政四篇注釋》，北京農業出版社，民國 74 年出版。

8. 陳啓天，《商鞅評傳》，商務印書館，民國 75 年出版。

9. 鄭良樹，《商鞅及其學派》，學生書局，民國 76 年出版。

10. 《十三經注疏》，藝文印書館，民國 74 年出版。

11. 韋昭注，《國語》，四部叢刊本，商務印書館，民國 68 年出版。

12. 瀧川龜太郎著，《史記會注考證》，洪氏出版社，民國 72 年出版。

13. 班固撰、顏師古注，《新校本漢書》，鼎文書局，民國 75 年出版。

14. 劉向編、高誘注，《戰國策》，世界書局，民國 45 年出版。

15. 王弼注，《老子註》，藝文印書館，民國 64 年出版。

16. 郭慶藩輯，《莊子集解》，華正書局，民國 69 年出版。

17. 孫詒讓，《墨子閒詁》，華正書局，民國 76 年出版。

18. 管仲撰，《管子》，四部叢刊本，商務印書館，民國 68 年出版。

19. 王先慎撰，《韓非子集解》，世界書局，民國 77 年出版。

20. 孫武撰、魏武帝解、孫星衍等注，《孫子十家註》，廣文書局，民國67年出版。

21. 永瑢、紀昀等撰，《四庫全書總目提要》，商務印書館，民國72年出版。

22. 徐復，《秦會要訂補》，鼎文書局，民國67年出版。

23. 明‧董說著、民國‧繆文遠訂補，《七國考訂補》，上海古籍出版社，民國76年出版。

24. 錢穆，《秦漢史》，東大圖書公司，民國76年出版，

25. 蘇轍，《古史》，四庫全書本，商務印書館，民國72年出版。

26. 馮李驊，《左繡》，收錄於馬小梅主編之《國學集要》二編第十四冊，文海出版社，民國56年出版。

27. 錢穆，《先秦諸子繫年》，東大圖書公司，民國75年出版。

28. 唐端正，《先秦諸子論叢續編》，東大圖書公司，民國72年出版。

29. 蔣伯潛，《諸子通考》，正中書局，民國67年印行。

30. 毛鵬基，《諸子十家平議述要增補》，雅言出版社，民國60年出版。

31. 尹桐陽，《諸子論略》，廣文書局，民國64年出版。

32. 陳鐘凡，《諸子通誼》，商務印書館，民國66年出版。

33. 俞樾，《諸子評議》（中冊），商務印書館，民國67年出版。

34. 錢穆，《孔子與論語》（內收〈孔子之史學與心學〉），聯經文化事業公司，民國77年出版。

35. 牟宗三，《名家與荀子》，學生書局，民國79年出版。

36. 王曉波，《儒法思想論集》，時報文化出版公司，民國75年出版。

37. 林安弘，《儒家禮樂之道德思想》，文津出版社，民國77年出版。

38. 張德勝，《儒家倫理與秩序情緒》，巨流出版社，民國78年出版。

39. 劉咸炘，《推十書》（內收《子疏》），三人行出版社，民國73年出版。

40. 陳啓天，《中國法學概論》，中華書局，民國74年出版。

41. 楊鴻烈，《中國法律思想史》，商務印書館，民國76年出版。

42. 蕭公權，《中國政治思想史》（上冊），聯經文化事業公司，民國79年出版。

43. 梁啓超，《中國六大政治家》，正中書局，民國52年出版。

44. 王曉波，《先秦法家思想史論》（內收〈商君與商君書的思想分析〉），聯經文化事業公司，民國80年出版。

45. 梁啓超，《先秦政治思想史》，東大圖書公司，民國76年出版。

46. 丘漢平，《先秦法律思想》，三民書局，民國54年出版。

47. 耿雲卿，《先秦法律思想與自然法》，商務印書館，民國 62 年出版。

48. 姚蒸民，《法家哲學》，東大圖書公司，民國 75 年出版。

49. 黃公偉，《法家哲學體系指歸》，商務印書館，民國 72 年出版。

50. 徐復觀，《學術與政治之間》（內收殷海光先生〈治亂底關鍵〉），學生書局，民國 74 年出版。

51. 侯外廬編，《中國思想通史》（第一卷），北京人民出版社，民國 46 年出版。

52. 韋政通，《中國思想史》（上冊），水牛出版社，民國 76 年出版。

53. 宇野精一主編、林茂松譯，《中國思想史》（三）墨家、法家、邏輯，幼獅文化事業公司，民國 76 年出版。

54. 胡適，《中國古代哲學史》，商務印書館，民國 75 年出版。

55. 馮友蘭，《中國哲學史》（第二卷），河南人民出版社，民國 77 年出版。

56. 勞思光，《中國哲學史》（一），三民書局，民國 77 年出版。

57. 牟宗三，《中國哲學十九講》，學生書局，民國 75 年出版。

58. 牟宗三，《中國哲學的特質》，學生書局，民國 76 年出版。

59. 王邦雄，《中國哲學論集》，學生書局，民國 72 年出版。

60. 牟宗三，《歷史哲學》，學生書局，民國 77 年出版。

61. 劉光義，《先秦思想積說》，輔仁大學出版社，民國 76 年出版。

62. 徐復觀，《兩漢思想史》（卷一），學生書局，民國 79 年出版。

63. 柳詒徵，《中國文化史》（上冊），正中書局，民國 76 年出版。

64. 梁漱溟，《中國文化要義》，里仁書局，民國 71 年出版。

65. 牟宗三，《中國文化的省察》（內收〈中國文化大動脈中的現實關心問題〉），聯經文化事業公司，民國 77 年出版。

66. 李威熊，《中國文化精神的探索》，黎明文化公司，民國 74 年出版。

67. 唐君毅，《中國人文精神之發展》，學生書局，民國 77 年出版。

68. 唐君毅，《人文精神之重建》，學生書局，民國 77 年出版。

69. 徐復觀，《中國人性論史先秦篇》，商務印書館，民國 77 年出版。

70. 蒙培元，《中國心性論》，學生書局，民國 79 年出版。

71. 陳拱，《人之本質與眞理》，商務印書館，民國 73 年出版。

72. 張蔭麟，《中國上古史綱》，里仁書局，民國 71 年出版。

73. 中研院歷史語言研究所，《中國上古史待定稿》（內收〈封建的解體〉），中國上古史編輯委員會編刊，民國 74 年出版。

74. 錢穆，《國史大綱》，商務印書館，民國 71 年出版。

75. 張其昀，《中華五千年史》（第七冊），華岡出版社，民國 71 年出版。

76. 瞿同祖，《中國封建社會》，里仁書局，民國 73 年出版。

77. 許倬雲，《西周史增訂版》，聯經文化事業公司，民國 79 年出版。

78. 許倬雲，《求古編》，聯經文化事業公司，民國 78 年出版。

79. 《古史辨》第六冊（内收〈晚周諸子反古考〉），藍燈文化事業公司，民國 76 年出版。

80. 余英時，《歷史與思想》（内收〈反智論與中國政治傳統〉），聯經文化事業公司，民國 79 年出版。

81. 余英時，《史學與傳統》，時報文化出版公司，民國 77 年出版。

82. 高亨，《文史述林》（内收〈商鞅與商君書的批判〉），北京中華書局，民國 69 年出版。

83. 梁啓超，《國史研究六篇》，中華書局，民國 45 年出版。

84. 徐復觀，《中國經學史的基礎》，學生書局，民國 71 年出版。

85. 蔣伯潛，《十三經概論》，學海出版社，民國 75 年出版。

86. 《中國學術通義》（内收〈有關學問之系統〉），學生書局，民國 77 年出版。

87. 蔡元培，《中國倫理學史》，商務印書館，民國 80 年出版。

88. 唐慶增，《中國經濟思想史》，商務印書館，民國 25 年出版。

89. 馬持盈，《中國經濟史》（第一冊），商務印書館，民國 69 年出版。

90. 郭齊家，《中國教育思想史》，五南圖書出版公司，民國 79 年出版。

91. 楊承彬，《秦漢魏晉南北朝教育制度》，商務印書館，民國 67 年出版。

92. 余英時，《中國知識階層史論古代篇》，聯經文化事業公司，民國 69 年出版。

93. 未著撰者，《歷代名賢確論》，四庫全書本，商務印書館，民國 72 年出版。

94. 余嘉錫，《古書通例》，丹青圖書有限公司，民國 75 年出版。

95. 張心澂，《偽書通考》，宏業書局，民國 68 年出版。

96. 王國維，《觀堂集林》（内收〈殷周制度論〉、〈秦都邑考〉），河洛圖書出版社，民國 64 年出版。

97. 王念孫，《讀書雜志》，廣文書局，民國 60 年出版。

98. 李孝定，《甲骨文字集釋》（第六冊），中研院歷史語言研究所，民國 59 年出版。

99. 撰者不詳，《雲夢秦簡研究》（内收〈秦律刑罰考析〉），帛書出版社，民國 75 年出版。

100. 黃俊傑主編,《天道與人道》(內收〈仁與禮——道德自主與社會制約〉),聯經文化事業公司,民國 78 年出版。

101. 成中英,《知識與價值——和諧、真理與正義的探索》(內收〈論人權的人性本質〉),聯經文化事業公司,民國 78 年出版。

102. 東海大學哲學系編譯,《中國人的心靈——中國哲學與文化要義》,聯經文化事業公司,民國 78 年出版。

103. 章炳麟,《訄書》,廣文書局,民國 67 年出版。

104. 陳仲庚、張雨新,《人格心理學》,五南圖書出版公司,民國 79 年出版。

105. 卡西爾著、結構群譯,《人論》,結構群出版社,民國 78 年出版。

二、期刊論文

1. 許老雍,〈商君書研究〉,師大國研所,民國 62 年碩士論文。

2. 王志成,〈商鞅農戰政策之研究〉,師大國研所,民國 67 年碩士論文。

3. 張鉉根,〈商鞅的政論與變法〉,文大政研所,民國 76 年碩士論文。

4. 杜正勝,〈從爵制論商鞅變法形成的社會〉,《中研院歷史語言研究所集刊》第五十六本第三分。

5. 張次宗,〈商鞅思想研究〉,《台中商專學報》第一期。

6. 封思毅,〈商鞅變法的文化意義〉,《中國國學》第十期。

7. 林義正,〈商君書中所描述的時代及其問題〉,《哲學與文化》八卷第九期。

8. 林義正,〈論商君書對人性的看法〉,《鵝湖》四卷第十二期。

9. 王曉田等,〈從秦和東方六國墓葬的不同看商鞅變法的徹底性〉,《考古》1974 年第五期。

10. 黃富三,〈法家思想及其實行——商鞅所建立之社會制度〉,《史繹》第三期。

11. 詹秀惠,〈釋商君書並論其真偽〉,《淡江學報》第十二期。

12. 劉國銘,〈商君書辨偽〉,《明志工專學報》第九期。

13. 熊公哲,〈商君書真偽辨〉,《政大學報》第九期。

14. 宋淑萍,〈論商君書的成書時代〉,《書目季刊》十三卷第一期。

15. 梁容若,〈先秦諸子研究概觀〉,《師大學報》第二期。

16. 趙雅博,〈先秦論禮〉,《中華文化復興月刊》十九卷第八期。

17. 薩孟武,〈吾國古代的法家思想〉,《中華文化復興月刊》七卷第九期。

18. 沈曰剛,〈從古代禮、刑的運用探討法家的來源〉,《大陸雜誌》四十七卷第二期。

19. 韋政通，〈法家反人文思想之歷史觀〉，《民主潮》七卷第四期。

20. 王邦雄，〈韓非政治哲學理論根基之偏狹與其潛存之困結〉，《中華文化復興月刊》十一卷第二期。

21. 李正治，〈春秋戰國禮樂思索的正反諸型〉，台大中研所，民國 79 年博士論文。

22. 王基倫，〈孟子散文研究〉，師大國研所，民國 73 年碩士論文。

23. 鄭良樹，〈戰國策集證〉，台大中研所，民國 60 年博士論文。

24. 陳澤普，〈中國的名理思想〉，《國魂》三一九期。

25. 杜師松柏，〈名學、邏輯、因明的比較〉，《幼獅月刊》三十一卷第四期。

26. 林繼平，〈孔子奠定中國人文思想之基礎〉，《國魂》三六七期。

27. 杜師松柏，〈人本思想的內涵及其價值〉，《國魂》三九六期。

28. 唐君毅，〈人文主義之名義〉，《人生》七卷第三期。

29. 錢穆，〈中國的人文精神〉，《新天地》六卷第三期。

30. 高明，〈中國的人文精神〉，《師院文萃》第八卷。

31. 賈馥茗，〈人性論平議〉，《師大教育研究所集刊》第十八輯。

32. 程兆熊，〈重農抑商政策與兩種自由〉，《民主評論》五卷第九期。

33. 黎明釗，〈秦代什伍連坐制之淵源問題〉，《大陸雜誌》七十九卷第四期。

34. 雲夢秦墓竹簡整理小組，〈睡虎地雲夢秦簡釋文〉，《文物》1976 年第六至八期。

附錄一：商鞅法治學說中的尊君抑民現象

黃紹梅

摘　要

　　商鞅提出任法學說，是中國提倡法治觀念的先驅，並且在政治實效上有極高評價。然而在戰國紛亂局勢的前提下，「緣法而治」的特色多是主權者下達命令，強制人民遵守，以達到富國強兵、鞏固君權的實效。所以商鞅任法目的，可說是國家與君主不分。任法往往導致了君權獨大，法律反成爲有助於君主專制的工具。這種君本法末的主從關係與今日法制觀念截然不同，此實爲商鞅法治學說的盲點。本文分別就其學說理論及政策落實二部分說明此一現象。

　　關鍵字：商鞅　法家　尊君　法治　性惡論　進化歷史觀

一、前 言

商鞅論著《商君書》《漢書‧藝文志》列爲法家要籍。《韓非子》言：「今境內之民皆言治，藏商、管之法者家有之。」（〈五蠹篇〉）不難想見《商君書》於秦皇統一六國前勝極一時的概況。近代學者研究商鞅學說，大抵多能重視其法治上的成效。梁啓超主編的《中國六大政治家》列商君爲第二編，由麥夢華撰述，多肯定其政績〔註1〕。陳啓天《商鞅評傳》對於商鞅的政治實效亦予以極高評價〔註2〕。商鞅是重法派法家代表，朱師轍說：

> 而鞅之言曰，有道之國，治不聽君，民不從官，蓋其立法之旨，實君民同納於軌物，上下胥以法律爲衡，非獨官吏弗能行其私，人主弗能肆其志〔註3〕。

說明「緣法而治」的特色。然法之特性在主權者下達命令，強制人民遵守，違者即承擔義務責任，形成尊君抑民現象。誠如胡樸安所言：「國家對於人民，有無上之權威。以此之故，所以務在嚴刑以臨民。此固由於商君天資之刻薄，亦學說之結果必至於如是也。特是國家與君主不分，刑罰太峻，君權必尊。極其流弊，法律將失效力，此君主之意思，強使人民之必從，造成君主專制之政治。」（《商君書解詁》序）〔註4〕。因而任法往往導致君權獨大，法治與尊君往往互爲因果。以下即針對商鞅學說的尊君任法現象作一說明。

二、商鞅法治學說的理論基礎

（一）性惡論之任法前提

商鞅重法欲「以刑去刑」（〈開塞篇〉），並視詩書禮樂爲六蠹，提出「以法爲體，以刑爲用」的法治理念。凸出法治而擯斥禮治，呈現其政治思想不能植根於人類道德心靈的自覺。基本上，是在人性觀下產生的逆轉。由於純然從經驗立場觀察人性，對法的內涵起相當作用。

商鞅肯定人性自利的劣根性，可從以下四項得知：第一，就好惡之情的表現而言。其曰：

〔註1〕 梁啓超《中國六大政治家》正中書局，民國52年出版。
〔註2〕 陳啓天《商鞅評傳》商務印書館，民國75年出版。
〔註3〕 參見朱師轍《商君書解詁定本》自序，《商君書解詁定本》世界書局，民國64年出版。
〔註4〕 同上注。

> 民之有欲有惡也，欲有六淫，惡有四難。（〈說民篇〉）
>
> 民之生，饑而求食，勞而求佚，苦則索樂，辱則求榮，此民之情也。
> （〈算地篇〉）
>
> 羞辱勞苦者，民之所惡也；顯榮佚樂者，民之所務也。夫人性好爵
> 祿而惡刑罰。（錯法篇）

由上述引言可知已正視人性的好惡，且論及人性的內容可分作求生求食、求
安求樂、求顯求榮三層次。指出：「民之欲富貴也，共闔棺而後止。」（〈賞刑
篇〉）體認人性對最高層次的追求最強烈。又說「民之於利也，若水於下也。」
（〈君臣篇〉）認為人性自利罕能知足知止。

第二，就計慮之知的表現而言。好其所好、惡其所惡，正是計慮心在好
惡之情上的作用。其曰：

> 民生則計利，死則慮名……民之性，廣而取長，稱而取量，權而索
> 利。 （〈算地篇〉）

其意說明計慮之知即利之中取大，害之中取小。並以上世之士及今世之盜賊
為例，說明「今夫盜賊上犯君上之所禁，下失臣子之禮，故名辱而身危。猶
不止者，利也。其上世之士，衣不煖膚，食不滿腸，苦其志意，勞其四肢，
傷其五臟，而益裕廣耳，非性之常，而為之者，名也。」（同上）也就是一則
名辱身危，一則志苦身勞，實為權衡利害後為求利不惜失禮犯禁，為求名不
惜忍饑苦身的強求者，明示人性求利現象。

第三，就強弱之意的表現而言。強弱之意即所為謂之「勇怯之性」，人性
有勇怯之異，為政者可透過刑賞，使怯民勇，勇民為國死戰。其曰：

> 怯民使以刑必勇，勇民使以賞則死。怯民勇，勇民死，國無敵者彊，
> 彊必王。（〈去彊篇〉）

〈說民篇〉亦有相同記載〔註5〕，多強調人性趨利避害的自利表現。

第四，就人性古愚今知的變遷而言。商鞅從歷史觀點探討人性有古愚今
智的變遷，他說：

> 古之民，樸以厚，今之民，巧以偽。（〈開塞篇〉）

而變遷原委在人口激增，又講求區別人我，所謂：「親親而愛私。親親則別，

〔註 5〕《商君書·說民篇》曰：「民勇，則賞之以其所欲；民怯，則刑之以其所惡。
故怯民使之以刑，則勇；勇民使之以賞，則死。怯民勇，勇民死，國無敵者
必亡。」

愛私則險；民眾而以別險爲務，則民亂。」（同上）由於發生混亂，爲求自保生存，於是「不知而學」，從「樸厚」而變爲「巧僞」。

商鞅強調人性自利之一面，根本緣由在物化人性，主張執政者唯有透過外在賞罰才能控制人民。以上所述可推知商鞅否定人的向上心，以賞罰役民，只視人貪得樂進一面，因而認定人無爲善可能。

（二）進化歷史觀之任法立場

據《史記・商君列傳》與《商君書》分析，商鞅所持者是進化歷史觀，或稱演變不復的歷史觀。商鞅肯定歷史的變嬗，認爲制度在歷史的變動中必然要與時推移，於是衍生變古與反古措施。根據〈開塞篇〉記載：

> 天地設而民生之，當此之時也，民知其母而不知其父，其道親親而愛私，親親則別，愛私則險，民眾而以別險爲務，則民亂，當此時也，民務勝而力征，務勝則爭，力征則訟，訟而無正，則莫得其性也。故賢者立中正，設無私，而民說仁，當此時也，親親廢，上賢立矣。凡仁者以愛爲務，而賢者以相出爲道，民眾而無制，久而相出爲道，則有亂。故聖人承之，作爲土地貨財男女之分。分定而無制不可，故立禁，禁立而莫之司不可，故立官，設官莫之一不可，故立君，旣立君，則上賢廢，而貴貴立矣。

商鞅就其對歷史的理解，將其分作上世、中世、下世三階段。造成歷史變動之因素或「民眾而以別險爲務」，或「民眾而無制」。換言之，由於亂遂由上世轉入中世、中世轉入下世。因時變制度亦隨之而異，從親親而尙賢而貴貴尊官。又〈畫策篇〉記載昊英之世、神農之世、黃帝之世，世異則事異的現象，可與三世之說的觀點相發明。

了解三世之說的大要，三世遞變的眞確性，亦引發學者的探究。基本上，三世之說與史實的確切關係已無法考見。然而，將三世之說與歷史現象比照，審視其眞實性，應非探討三世之說的重點。因商鞅是從「世事變而行道異」的目的出發，挑選過去時間中，無限經驗事實的部分，建構其理論體系，大抵在揭櫫歷史之演化與制度的因時制宜。因此，所言之三世是否與史實相符，實屬次要問題。

商鞅持進化歷史觀，認爲人君不宜墨守成規，遂提出變古與反古之主張。《商君書・更法篇》與《史記・商君列傳》記載了秦孝公欲變法以治，與商鞅、甘龍、杜摯三大夫商討策畫之內容。其間甘龍、杜摯主張依循舊日法度，

而商鞅力倡變古，其重要言論摘錄如下：

> 三代不同禮而王，五霸不同法而霸……前世不同教，何古之法？帝
> 王不相復，何禮之循？伏義、神農，教而不誅；黃帝、堯、舜，誅
> 而不怒。及至文、武，各當時而立法，因事而制禮，禮法以時而定，
> 制令各順其宜，兵甲器備，各便其用。臣故曰：治世不一道，便國
> 不必法古。湯武之王也，不循古而興，殷夏之滅也，不易禮而亡。
> 然則反古者未必非，循禮者未足多是也。（〈更法篇〉）

商鞅根據歷史例證，伏義、神農時無刑罰，黃帝、堯、舜時有刑罰，進至文、
武時則立法制禮，得出「治世不一道，便國不必法古」的結論。並以湯武之
王、殷下之滅，說明「循禮者未足多是」，支持他「禮法以時而定，制令各順
其宜」之說。

至於商鞅變古原因，可歸納爲兩端：一是因時勢不同，若因襲不合時宜
的舊制度必窒礙難行。其曰：

> 今世巧而民淫，方傚湯武之時，而行神農之事，以隨世禁，故千乘
> 惑亂。（〈算地篇〉）

說明人主不行湯武致彊之道，卻欲以神農教化方法服民，必導致混亂。二是
制度不與時推移，則不能適應時代需要。其曰：

> 上法古而得其塞，下修今而不時移，而不明世俗之變，不察治民之
> 情。（〈壹言篇〉）

可見法古則跟不上時代需求，脩今則拘泥成法跟不上時勢發展。因此，鄭良
樹指出，此言不僅斥責了「法古」的社會分子，且斥責「安其故而不闚於時」
的法家〔註6〕。總而言之，一國法制應隨時勢變遷而修改，誠如其所言：「苟
可以彊國，不法其故；苟可以利民，不循其禮。」（〈更法篇〉）的變古主張，
是其應世的重要原則。

變古主張延展則有反古言論。其曰：

> 古之民樸以厚，今之民巧以僞。故傚於古者，先德而治，傚於今者，
> 前刑而法。（〈開塞篇〉）

由於順應今民巧僞之時勢，商鞅主張以刑治代替德治。顯然法家刑治與儒家
衝突，因而對儒家思想有強烈排拒意識，遂衍生反德治即反古的思考。這可
從《商君書》多處貶抑儒家禮樂窺其端倪。其曰：

〔註6〕參見鄭良樹《商鞅及其學派》後編第二章。學生書局，民國76年出版。

　　辯慧，亂之贊也；禮樂，淫佚之徵也；慈仁，過之母也；任譽，姦
　　之鼠也。（〈說民篇〉）

由於變古與反古，所以認為外在儀文制度須因事制宜，避免流於僵化，因而
斥周文疲敝後極奢靡荒淫的禮樂，而主張法治。其說本有正面價值，然而後
人多持負面評價，本文探討其中根本因由有二：

　　1. 將周文疲敝後之禮樂等同儒家禮樂精神，並加以否定。據《論語・八
佾篇》記載，季氏為魯國大夫竟用八佾於家廟，僭禮踰分。孔子憤然而言：「是
可忍也，孰不可忍也！」並斥管仲之樹塞門、行反坫及仲孫、叔孫、季孫踰
禮，家祭用孔子祭祀之雍詩。所謂「禮云禮云，玉帛云乎哉！樂云樂云，鐘
鼓云乎哉！」（同上）道出內心無限感慨。孔子否定不合時宜之禮樂，態度與
商鞅一致。不過孔子並未否定禮樂真精神，而欲重開禮樂新機運。其轉化之
禮樂已注入仁的精神，非淫佚之禮樂。而商鞅斥荒淫之禮，並進而貶抑儒家
禮樂，否定禮樂之教的德治。或是不了解二者層次不同，或是有意扭曲禮樂
價值。

　　2. 斥禮立法只看到歷史演進表象，實則拋棄歷史根源。其曰：「三代不同
禮而王，五霸不同法而霸。」（〈更法篇〉）事實上，三代之禮制是因革損益、
依時制宜，所以儒家肯定歷史本源法度，誠如孟子所言：「原泉混混，不舍晝
夜，盈科而後進，放乎四海，有本者如是。是之取爾！苟為無本，七八月之
間雨集，溝澮皆盈，其固也，可立而待也。」（〈離婁下篇〉）其本意指君子之
學應有本源，亦說明歷史根源乃一脈相傳。任法廢禮則斬斷歷史，抹殺了人
的價值。

三、商鞅法治學說的具體措施

　　以下分別從商鞅於法治、經濟、學術思想及軍事範疇的執法實況作一說
明。

（一）就法治方面言

　　（1）重刑制度：商鞅受李悝《法經》相秦，並「改法為律」。然秦律多
已散佚，因此根據史籍輯得的有限資料，說明其任法的實踐。

　　令民為什伍而相牧司連坐。不告奸者腰斬，告姦者與斬敵首同賞。
　　（《史記・商君列傳》）

　　為私鬥者，各以輕重被刑。（同上）

　　事末利及怠而貧者，舉以爲收孥。（同上）

　　令民父子兄弟同室內息者爲禁。（同上）

　　舍人無驗者，坐之。（同上）

　　步過六尺者有罰。（同上，裴駰《集解》）

　　棄灰於道者黥。（《漢書·五行志》）

就法律條文而言：商鞅制定之法令條文有刑重且繁的現象。在刑重方面，以「刑棄灰於道」爲例，太史公評其：「夫棄灰，薄罪也；而被刑，重罰也。」（《史記·李斯列傳》）說明商鞅輕罪重罰的情形。《韓非子·內儲說上篇》亦批評商鞅之法是「重輕罪」。在刑繁方面，由於輕罪重罰則其法必然嚴密、罪多，故有「秦法繁於秋荼而網密於凝脂」（《鹽鐵論·刑德篇》）之說。且睡虎地秦墓竹簡記載之法律，有〈田律〉、〈廄苑律〉、〈倉律〉、〈金布律〉、〈關市〉、〈工律〉、〈工人程〉、〈均工〉、〈徭律〉、〈司空〉、〈置吏律〉、〈效〉、〈軍爵律〉、〈傳食律〉、〈行書〉、〈內史雜〉、〈衛雜〉、〈屬邦〉、〈除吏律〉、〈游士律〉、〈除弟子律〉、〈中勞律〉、〈藏律〉、〈公車司馬獵律〉、〈牛羊課〉、〈傅律〉、〈屯表律〉、〈捕盜律〉、〈戍律〉等二十餘種。其中雖有部分條文乃商鞅死後所累增，然而並不能否定商鞅遺法的影響。換言之，此乃商鞅刑繁的延伸與證明。

　　就刑名種類而言：據《史記·商君列傳》及《漢書·刑法志》記載，商鞅制定之刑名總類至少有連坐、腰斬、參夷、鑿顛、抽脅、鑊烹、車裂、黥、劓、遷、收等十一種，大多有刑罰酷烈現象。如抽脅、鑊烹、腰斬之刑，由刑名釋義不難推知爲極端不合人道之方式。又連坐法株連廣泛，誠如裴駰所言：「一日臨渭而論囚七百餘人，渭水盡赤。號哭之聲動於天地。」（《史記·商君列傳》之《集解》）可揣測其中無辜而株連者定不在少數。以上表示其濫肆刑殺、草菅人命之一般情形。

　　（2）連坐制度：獎告姦的連坐制度，就太史公所記可推知其大略。太史公曰：

　　令民爲什伍，而相牧司連坐，不告姦者腰斬；告姦者，與斬敵首同

　　賞；匿姦者，與降敵同罰。（《史記·商君列傳》）

商鞅新法之戶口編制採什伍制度，使民互相糾察監視。告發姦人予以重賞，反之則行重罰。且同什伍中，一人有罪則他人連帶有罪。誠如司馬貞所言：「一家有罪而九家連舉發，若不糾舉，則十家連坐。恐變令不行，故設重禁。」（《史記·商君列傳》之《索隱》）《商君書》中亦有連坐制的記載，其曰：

守法守職之吏有不行王法者，罪死不赦，刑及三族。周官之人，知
而訐之上者，自免于罪，無貴賤，尸襲其官長之官爵田祿。（〈賞刑
篇〉）

說明連坐制不分官吏人民一律施行，且有三族連坐的規定。此外，商鞅又說：

其戰也，五人束簿爲伍，一人死而剄其四人。（〈境內篇〉）

行間之治，連以五。（〈畫策篇〉）

連坐法在軍隊中亦施行。是以徐復觀指出：「這一方面是軍事組織、軍事控制，
同時又是刑罰組織、刑法控制。」〔註7〕基本上，連坐制屬重刑制度，具有刑
重、殘酷之特色。此乃出自商鞅對人性計利之了解，利用人畏威畏法心理，
而以苛刑重法方式控制人民，而忽略道德無形之潛在。誠如馬端臨所言：

秦人所行什伍之法，與成周一也。然周之法，則欲其出入相友，守
望相助，疾病相扶持。是教其相率而爲仁厚輯睦之君子也。秦之法，
一人有姦，鄰里告之，一人犯罪，鄰里坐之。是教其相率而爲暴戾
刻核之小人也。（《文獻通考》卷十二〈職役考一〉）

（二）就經濟方面言

（1）獎農功：商鞅獎勵農功的實踐，據太史公記載：「僇力本業，耕織
致粟帛多者復其身。」（《史記・商君列傳》）「復其身」是致粟帛多者的鼓勵，
其內涵有三說：一是相對於「事末利及怠而貧者，舉以爲收孥」而言，所以
復其身指從奴隸恢復爲自由身分。二是指免除賦役，所謂「能人得一首則復」
（〈境內篇〉）之意。三指免除兵役，所謂「令使復之三世，無知軍事」（〈徠
民篇〉）之意。據王曉波分析：

「復其身」何義？歷來有不同說法，但相對於「事末利及怠而貧者，
舉以爲收孥」而言，當是指收孥的反面。我們知道當時除了公田之
外，已有私田的存在，農民雖有自己開闢出來的私田，但其身份還
是公田的農民，要受到一些約束，來鼓勵「致粟帛多者」。鼓勵的反
面就是處罰，對那些已經游離出農村而「事末利」的工商之人，若
其「怠而貧」就給予「收孥」的處罰。「收孥」來的人做何用呢？當
然不會白白的奉養他們，我們推斷當是賞給有功者作家奴，或去從
事公田的生產。商君這項政策實行的結果，當是「致粟帛多」和「復

〔註7〕參見徐復觀《兩漢思想史》卷一，頁122，學生書局，民國74年出版。

其身」。關於前者就是「富國」，關於後者便是正式承認自耕農或私
有地主的存在了〔註8〕。

因商鞅第二次變法方實行廢井田開阡陌的制度，在此之前井田未廢，公田仍
存在，農民多是助耕奴隸，故採第一說。

由於我國自古以農立國，人民與農業關係密切，所謂「民，國之本也；
穀，民之天也。」（《四庫全書總目提要・子部總敘》）在民賴農維生情況下，
商鞅獎農功自然有其正面價值。誠如章炳麟所言：

> 功堅其心，糾其民於農牧，使鄉之游惰無所業者，轉而傅井畝。是
> 故蓋藏有餘，而賦稅亦不至於缺乏。其始也敫，其終也交足。異乎
> 其屬民以鞭笞，而務充君之左藏也。（《訄書・商鞅》）

於「訾粟而稅，上壹而民平」（《墾令篇》）原則下，對男耕女織生產特多者予
以優待，可鼓勵人民為國所用。然而，商鞅重農目的是在富國，且其富國並
非富民，從其提倡納粟任爵之理論，可知他並不關心人民之貧富，只是關心
民貧或民富之後對國家有無利益。其欲貧者富並非樂見人民富足，而是以富
足為誘餌，迫使人民為君主賣命效力。其出發點是藉法令的強制力驅策人民
成為生產機器，而內涵則是配合人性的理解，不出以利誘民、以名誘民的方
式。

（2）抑商賈：商鞅抑制商業發展的法令，就《商君書》的記載其條文有
四：

> 使商無得糴，農無得糶。農無得糶，則窳惰之農勉疾。商不得糴，
> 則多歲不加樂。多歲不加樂，則饑歲無裕利。無裕利則商怯，商怯
> 則欲農，窳惰之農勉疾，商欲農，則草必墾矣。（《墾令篇》）
> 貴酒肉之價，重其租，令十倍其樸。然則商賈少，農不得喜酣奭，
> 大臣不為荒飽。商賈少，則上不費粟。農不能喜酣奭，則農不慢。
> 大臣不荒，則國事不稽，主無過舉。上不費粟，民不慢農，則草必
> 墾矣。（同上）
> 重關市之賦，則農惡商，商有疑惰之心。農惡商，商疑惰，則草必
> 墾矣。（同上）
> 以商之口數使商，令之廝、輿徒重者必當名，則農逸而商勞。農逸

〔註 8〕參見王曉波〈商君與商君書的思想分析〉一文，收錄於《先秦法家思想史論》，
頁 148～149。聯經出版社，民國 80 年出版。

> 則良田不荒，商勞則去來賫送之禮，無通於百縣，則農民不饑，行
> 不飾。農民不饑，行不飾，則公作必疾而私作不荒，則農事必勝，
> 則草必墾矣。（同上）

觀其言，商鞅用不得買賣穀物及實行重租、重稅、重勞役等方式壓抑商賈，阻礙商人出現，不外是人情趨避的掌握，亦是受人性觀的支配。

由於人性趨利避害，因而主張以賞罰御民。其曰：「人情好爵祿而惡刑罰，人君設二者以御民之志，而立所欲焉。」（〈錯法篇〉）而賞罰著重於獎耕戰，而主張「上利從一空出」。商鞅認為：「見言談游士事君之可以尊身也，商賈之可以富家也，技藝之足以餬口也，民見此三者之便且利也，則必避農，避農則民輕其居，輕其居則必不為上守戰也。」（〈農戰篇〉）言談、商賈、技藝、農戰四者皆可穫利，則人恆取易去難，以便利之道求生、求富、求榮，必然導致避農戰的現象，而與國家富強政策相悖。商鞅因而主張「塞私道以窮其志，啓一門以致其欲」（〈説民篇〉）。換言之，即斷絕一切倖進機會，而啓農戰一途。

此外，又人性趨利而不知止，遂主張納粟任爵，既滿足個人欲望，且國君亦可獲利。其曰：

> 民貧則力富，民富則淫，淫則有蝨。故民富而不用，則使民以食出
> 爵，爵必以其力，則農不偷。農不偷，六蝨無萌，故國富而民治。（〈弱
> 民篇〉）

說明人民因貧困饑寒而勞苦力農，待力農致富後輒生淫逸。行納粟任爵之法，民富可轉變為國富。民既不流於奢淫，且失其糧食又必務農，往復循環國必多力。

（三）就學術思想而言

商鞅斥學，尤其是儒學。有關斥學之法令條文有二：

> 無以外權爵任與官，則民不貴學問，又不賤農。民不貴學問則愚，
> 愚則無外交，無外交則民勉農而不偷。民不賤農，則國安不殆。國
> 安不殆，勉農而不偷，則草必墾矣。（〈墾令篇〉）

> 國之大臣、諸大夫，博聞、辯慧、游居之事皆無得為。無得居游於
> 百縣，則農民無所聞變見方。農民無所聞變見方，則知農無從離其
> 故事，而愚農不知，不好學問。愚農不知，不好學問，則務疾農。
> 知農不離其故事，則草必墾矣。（同上）

除藉法令禁止學問傳播外，《韓非子》甚至記載商鞅有焚書的措施。其曰：

> 商鞅焚詩書，明法令，塞私門之請，以遂公家之勞，禁游宦之民，以顯耕戰之士。(〈和氏篇〉)

所以前人認為李斯諫焚書應受商鞅成法遺規的影響。蘇轍曾言：

> 至於偶語詩書者棄市，以古非今者族，其端皆自鞅發之。(《古史‧商君列傳》)〔註9〕

宋濂亦言：

> 不貴學問以愚民，不令豪傑務學詩、書，其流毒至嬴政，遂大焚詩、書、百家語，以愚天下黔首，鞅實啓之，非特李斯過也。(《諸子辨‧商子》)〔註10〕

秦始皇焚書商鞅難辭其咎，其依法而廢禮，法治與道德分道揚鑣，形成立法上的偏執。

（四）就軍事方面言：

商鞅於軍事上最具代表性者是尚首功制度。其曰：「有軍功者，各以率受上爵……宗室非有軍功論，不得為屬籍。明尊卑爵秩各以差次，名田宅臣妾衣服以家次。有功者顯榮，無功者雖富無所芬華。」(《史記‧商君列傳》)

其欲建立一「尊卑爵秩」分明的社會，凡爵位、田宅大小、衣服樣式、臣妾數量皆依軍功大小而定。以軍功大小重定社會地位，打破封建制度中爵位為貴族獨有的現象。因重軍功，而作為賞賜爵祿的標準，即建立在殺敵多寡的人數上。其曰：

> 軍爵，自一級以下至小夫，命曰校徒操士。公爵，自二級以上至不更，命曰卒……五人一屯長，百人一將。其戰，百將屯長必得斬首。得三十三首以上，盈論，百將屯長賜爵一級……能攻城圍邑斬首八千以上，則盈論；野戰斬首二千，則盈論。吏自操及校以上大將，盡賞行間之吏也。故爵公士也，就為上造也。故爵上造，就為簪裊。故爵簪裊，就為不更。故爵不更，就為大夫。爵吏而為縣尉，則賜虜，六加五千六百。爵大夫而為國尉，就為官大夫。故爵官大夫，就為公大夫。故爵公大夫，就為公乘。故爵公乘，就為五大夫，則稅邑三百家。故爵五大夫，就為庶長；故爵庶長，就為左更；故爵

〔註9〕 蘇轍《古史》，四庫全書本，商務印書館，民國72年出版。
〔註10〕 宋濂《諸子辨》收入明少城子編《叢書堂雜鈔》，明叢書堂朱格鈔本。

三更也，就爲大良造，皆有賜邑三百家，有賜稅三百家。爵五大夫

有稅邑六百家者，受客……訾由丞尉，能得甲首一者，賞爵一級，

益田一頃，益宅九畝。級除庶子一人，乃得入兵官之吏。（〈境內篇〉）

商鞅以爵賞有功，〈境內篇〉所載之爵名有一級至十六級，與《漢書·百官公卿表》言秦有二十爵略有不同〔註11〕。大抵二十爵於商鞅時未形成，然其基本體系成於此時。

商鞅爵制如上述，而其晉爵關鍵在論功行賞的方法。誠如韓非所言：「商君之法曰：『斬一首者爵一級，欲爲官者爲五十石之官；斬二首者爵二級，欲爲官者爲百石之官』。官爵之遷與斬首之功相稱也。」（〈定法篇〉）歷來言商鞅晉爵之法多針對韓非之言敷衍鋪陳。據杜正勝研究斬一首者爵一級則秦爵無法消化無盡之首功，且將導致人人優官、戶戶高爵的現象〔註12〕。因此，認爲韓非所引商君之法，只是爵制中的一條或少數法令，不可作唯一原則。並進而據〈境內篇〉分析商鞅軍功授爵的辦法，其說如下：

1. 一級公士不必有軍功，是秦軍之恩賜。

2. 二級上造、三級簪裊和四級不更，便全憑個人戰功而晉升，原則上是依照韓非所述商君之法斬一首爵一級的方法。

3. 第四級以後則不能按此方法晉升，須擔任屯長或百將，而所率領之部隊在一次戰役中獲得三十三首，才得以晉爵。

4. 又有得甲首一者賞爵一級，並益以田宅、庶子的辦法。此因「甲首」與一般斬首不同，由於是行伍首腦，斬獲困難故得厚賞。

說明商鞅軍功授爵制度之複雜，非「斬一首者爵一級」所能涵蓋。就統治者立場而言，尙首功不外是欲民致力殺敵而強國。但商鞅強國並非強民衛民。相反的，商鞅認爲強國與強民對立，可從其獎農功並非關心人民富足推知。其曰：「不勝而王，不敗而亡，自古及今，未嘗有也。」（〈畫策篇〉）是以其尙首功只欲鼓勵人民爭戰。就人民立場而言，商鞅以首功重劃社會地位，庶人可由戰場上的努力改變自己身份，必然導致戰鬥力的增強。從徐復觀記

〔註11〕 《漢書·百官公卿表》秦有爵二十級。其言曰：「爵：一級曰公士，二上造，三簪裊，四不更，五大夫，六官大夫，七公大夫，八公乘，九五大夫，十左庶長，十一右庶長，十二左更，十三中更，十四右更，十五少上造，十六大上造，十七駟車庶長，十八大庶長，十關內侯，二十徹侯。」

〔註12〕 參見杜正勝〈從爵制論商鞅變法所形成的社會〉一文，中研院歷史語言研究所集刊第五十六本第三分。

載秦每次戰役斬首無數的情形判斷，秦士卒簡直趕盡殺絕〔註13〕。此現象應絕大部分來自士卒的邀功心理。換言之，統治者視人民爲強國工具，而人民則淪爲計利心的奴隸。

四、尊君與任法之本末關係

根據上述商鞅所謂的法，廣義的說是統治者強調人民盡片面義務的命令，狹義的說只是一種刑法。與儒家人治主張「禮者禁於將然之前，而法者禁於已然之後」（《漢書‧賈誼傳》）不同，認爲緣法而治是治國唯一手段。

商鞅緣法而治，然而法治中最高權威並非法律，而是人君。其曰：「權者，君之所獨制，人主失守，則危。……權制獨斷於君，則威。」（〈修權篇〉）。誠如梁啓超及殷海光所謂「專制時代的權原在皇帝」〔註14〕。由於法的制定權在人君，所謂「法律之前，人人平等」只是假平等，人君具有崇高地位，法只是人君統治人民的工具。可推知其法治觀具有尊君抑民現象，以下從法是人君絕對化保障及法與富國強兵意識結合二點說明。

就法是人君絕對化保障而言。商鞅認爲君主首應明法去私，其理由是：「凡人臣之事君也，多以主所好事君。君好法，則臣以法事君；君好言，則臣以言事君。」（〈修權篇〉）人民以國君之好惡爲好惡，商鞅遂強調人君應以法爲準。故曰：

言不中法者，不聽也；行不中法者，不高也；事不中法者，不爲也。

言中法，則聽之；行中法，則高之；事中法，則爲之。（〈君臣篇〉）

「任法去私」不以私意亂法，即「錯法而民無邪者，法明而民利之也。」（〈錯法篇〉）然而，商鞅之法出自人君，依〈修權篇〉所言執政者擁有法、信、權三者。而「權」指權力，是制定政令、推行政令之依據。國君握賞罰之柄，其目的是：

貧者使以刑，則富；富者使以賞，則貧。治國能令貧者富，富者貧，

〔註13〕 徐復觀《秦會要訂補》卷十八言曰：「秦尚首功，見於史者，如獻公二十一年與晉戰，斬首六萬，孝公八年與魏戰，斬首七千，惠文王八年與魏戰，斬首四萬五千。後七年，與韓、趙戰，斬首八萬……計共一百六十六萬八千人。而史所缺略不書者，尚不知凡幾。從古殺人之多，未有無道如秦者也。」鼎文書局，民國67年出版。

〔註14〕 參見梁啓超《先秦政治思想史》第十六章，東大圖書公司，民國76年出版。參見殷海光〈治亂的關鍵〉一文，收入徐復觀《學術與政治之間》，學生書局，民國74年出版。

則國多力，多力者王。（〈去彊篇〉）

換言之，執政者視民如充實國力之機器。因此，嚴刑峻法是商鞅法治觀的必然總歸結。韓非言：

> 公孫鞅之法也重輕罪。重罪者人之所難犯也；而小過者人之所易去
> 也。使人去其所易，無離其所難，此治之道也。夫小過不生，大罪
> 不至，是人無罪而亂不生也。一曰：公孫鞅曰：行刑重其輕者，輕
> 者不至，重者不來，是謂以刑去刑。（〈內儲說上篇〉）

輕罪重罰的重刑政策，其目的在「以刑去刑」。以刑去刑理論亦見於《尚書·大禹謨》所謂「刑期於無刑」。有關商鞅重刑政策散見於《商君書》，如〈開塞篇〉提出重刑的必要，其曰：

> 故以刑治則民威，民威則無姦，無姦則民安其所樂。以義教則民縱，
> 民縱則亂，亂則民傷其所惡。……立君之道，莫廣於勝法；勝法之
> 務，莫急於去姦；去姦之本，莫深於嚴刑。故王者以賞禁，以刑勸，
> 求過不求善，藉刑以去刑。

商鞅將嚴刑與義刑比對，以明重刑之必要。事實上，除商鞅外，墨子曾言：「罰嚴足畏」（〈備城門篇〉）荀子亦言：「刑稱罪則治，不稱罪則亂，故治則刑重，亂則刑輕。」（〈正論篇〉）然而荀子強調罪刑相當，商鞅則言輕罪重罰。其曰：

> 行刑重其輕者，輕者不生，則重者無從至矣。……行刑重其重者，
> 輕其輕者，輕者不止，則重者無從止矣。（〈說民篇〉）

認為重罪科以重刑，輕罪科以輕刑，則刑至事生。若輕罪重刑，則刑去事成。其利用人情趨避及畏懼心理，而至「以刑去刑」的目標。至於商鞅實行重刑原則有二：一是刑無等級。其曰：

> 所謂壹刑者，刑無等級。自卿相將軍以至大夫庶人，有不從王令、
> 犯國禁、亂上制者，罪死不赦。有功於前，有敗於後，不為損刑。
> 有害於前，有過於後，不為虧法。忠臣孝子有過，必以其數斷。守
> 法守職之吏，有不行王法者，罪死不赦，刑及三族。周官之人，知
> 而訐之上者，自免於罪。無貴賤，尸襲其官長之官爵田祿。（〈賞刑
> 篇〉）

所謂刑無等級即壹刑，正說明其執法如山，打破傳統「刑不上大夫，禮不下庶人」的差別待遇。又舉晉文公殺寵臣顛頡而大治一例（〈賞刑篇〉），說明刑罰不失疏遠、不違親近的原則。

二是防犯未然。其曰：

> 重刑連其罪，則民不敢試。民不敢試，故無刑也。夫先王之禁刺殺，
> 斷人之足，黥人之面，非求傷民也，以禁姦止過也。故禁姦止過，
> 莫若重刑。（〈賞刑篇〉）

說明重刑目的不在事後之懲罰，而在防犯未然。透過計利慮害心理，運用輕
罪重罰禁姦止過，並藉重罰犯人，達到殺一儆百效果。

人君制勝人民之關鍵在法，其曰：「凡人主德行非出人也，知非出人也，
勇力非過人也。然民雖有聖知弗敢我謀，勇力弗敢我殺，雖眾不敢勝其主；
雖民至億萬之數，縣重賞而民不敢爭，行罰而民不敢怨者，法也。」（〈畫策
篇〉）國君德行、智慧、勇力不一定超越別人。然而，若持法治國則民服從。
換言之，法之賞罰既出自人君，人民遂以君主之好惡為好惡，似乎人民是為
人君而存在。又法律與人民相對，其曰：「昔之能制天下者，必先制其民者也；
能勝強敵者，必先勝其民者也。故勝民之本在制民，若冶於金，陶於土也。
本不堅，則民如飛鳥走獸，其孰能制之？民本，法也。故善治者，塞民以法，
而名地作矣。」（同上）換言之，法是人君陶冶人民的工具，是人君絕對化的
保障，而人民只是執政者的奴隸而已。

就法與富國強兵意識結合而言。商鞅強調賞罰需以實際客觀事實為標
準，務使「賞隨功，罰隨罪」（〈禁使篇〉），其曰：

> 授官予爵，不以其勞，則忠臣不進。行賞賦祿，不稱其功，則戰士
> 不用。（〈修權篇〉）

所謂「功」指耕戰而言。其曰：「國之所以興者，農戰也。……國待農戰而安，
主待農戰而尊。」（〈農戰篇〉）重農之因不外是〔註15〕：在經濟上，藉重農以

〔註15〕商鞅重農理由：在經濟上藉重農以富國。可由「明君修政作壹，去無用，止
浮學事淫之民，壹於農，然後國家可富，而民力可專也。……其民農者寡，
而游食者眾，眾則農者殆，農者殆則土地荒。……此貧國之教也。」（〈農戰
篇〉）推知。在政治上藉重農使民樸易治。可由「為國之道，務在墾草。……
私利塞於外，則民務屬於農，屬於農則樸，樸則畏令。」（〈算地篇〉）「聖人
知治國之要，故令民歸心於農，歸心於農，則民樸而可正也。紛紛，則不易
使也。」（〈農戰篇〉）推知。
在軍事上藉重農而強兵。可由「百人農一人居者王，十人農一人居者彊，半
農半居者危。故治國者欲民之農也。國不農則與諸侯爭權不能自恃也，則眾
力不足。」（〈農戰篇〉）推知。重戰理由，消極意義在免於亡國，積極意義在
彊國。可由「名尊地廣以至於王者，何故？戰勝者也。名卑地削以至於亡者，
何故？戰罷者也。」（〈畫策篇〉）得知。

富國。農業為財力來源，民務耕織「生粟於境內，則金粟兩生，倉府兩實」（〈去彊篇〉）國可富。在政治上，藉重農使民樸易治。在軍事上，則藉重農而強兵。至於重戰理由，其曰：「戰事兵用曰彊，戰亂兵息而國削」（同上），說明重戰意義在免於亡國，積極意義則在強國。由於立國政策在致力農戰，故曰：「國務壹，則民應用。事本專，則民喜農而樂戰」（〈壹言篇〉）。因此，商鞅擬定使民歸心於壹的策略，而制定「壹賞」、「壹刑」之法。結合農戰與刑法目的在富國尊君，其曰：

> 國之所以重，主之所以尊者，力也。耕戰二者，力本。（〈慎法篇〉）

欲國重主尊而要之以功、戒之以刑。法治與富國強兵的意識結合，所以法治目的並非保障個人權利與自由，反成為殘酷工具摧殘人民。以富國強兵藉以鞏固君上權威，相對的也就犧牲和削弱人權的重要性。前人對此主張多有批評。《魏鄭公諫錄》卷三記載一段對話，其曰：

> 太宗曰：「周孔儒教非亂代之所行，商韓刑法，實清平之秕政。道既不同，固不可一概也。」公對曰：「商鞅、韓非、申不害等，以戰國縱橫，間諜交錯，禍亂易起，譎詐難防，務深法峻刑，以遏其患，所以權救於當時，固非致化之通軌。」〔註16〕

嚴萬里亦言及：

> 蓋以力服人，力竭而變生；以德服人，德成而化盛。（〈商君書新校正序〉）〔註17〕

說明商鞅以重刑箝制人民，使民俯首臣服以尊君，實非長久之計。此種藉重法以尊君，君本法末之主從關係，與今日法制內涵截然不同。

〔註16〕參見洪邁《容齋隨筆》卷二，四部叢刊廣編本，臺灣商務印書館，民國70年出版。

〔註17〕嚴萬里《商君書新校正本》收於王雲五主編之萬有文庫簡編第三十冊。商務印書館，民國28年出版。

附錄二：商鞅對於儒學的態度
——以《商君書》「六蝨說」爲中心的論述

摘　要

　　近代研究商鞅學說，大抵多能注重其法治上的成效，本文則在探討商鞅對於儒學的態度。舉凡人性、人倫、人道及人的文化歷史等價值，爲儒家共許之義。探討商鞅對於儒學的態度，實已潛存對其偏執的法治學說與曇花一現之事功的反省。

　　本文從《商君書・靳令篇》所列的「六蝨」切入，分作「非禮樂的尚戰觀念」「非詩書、辯慧的反智思維」「非仁義的崇法政策」「非孝弟、誠信、慈廉、善修的獎告姦特色」「非非兵、羞戰的強國思想」五部分說明，分析其視禮樂、詩書、仁義、孝弟等爲「蝨」的原因，比較與儒家學說的異同，同時探討商鞅尚法治崇耕戰思想的建立。歸納得知商鞅提出「六蝨說」的重要理念，一是穩定農戰和崇尚法制的政策，二是營造儒家詩書禮樂仁義等思維與法治、農戰的衝突和不相容。也就是將道德與政治截然分開，注重政治實效而忽略人文化育的價值，可見其對富國強兵雖有獨創性的貢獻，但卻失去了人文的本源。

　　關鍵字：法家、儒家、商鞅、六蝨、《商君書》、〈靳令篇〉

一、前 言

　　賈誼〈過秦論〉記載秦孝公「有席卷天下，包舉宇內，囊括四海之意」，而商鞅佐之，「內立法度、務耕織、修守戰之具」，所以「外連橫而鬥諸侯」。〔註1〕而商鞅入秦，據《史記·商君列傳》所載是在秦孝公元年，商鞅四見孝公，先說以帝道、王道、霸道，未被採納，而後以「彊國之術」說孝公，孝公「不自知膝之前於席也，語數日不厭。」〔註2〕由於商鞅先以帝道王道說孝公，錢穆認為商鞅「守法奉公」即孔子正名復禮之精神，並以為商鞅曾受儒業，且思想淵源於儒者。〔註3〕但是《史記·商君列傳》又記載「鞅少好刑名之學」，〔註4〕以及改用霸道輔佐秦國的事蹟，所以商鞅說孝公「以比德殷周」的動機不得不令人質疑。嚴萬里即說：

> 向使鞅能堅持其帝王之道，將不見用；用而其效或不如任法之速，而秦久安長治矣。然而，鞅安之所謂帝王之道也。僞也！彼不過假迂緩悠謬之說，姑嘗試之，而因以申其任法之說。〔註5〕

商鞅起初以帝道、王道遊說孝公一事是否對儒學有眞知灼見？〔註6〕亦或只是假王道的迂緩悠謬而申其任法學說呢？本文即試從《商君書》「六蝨說」的言論進一步探討商鞅對於儒學的態度。

　　《商君書》言及「六蝨」的言論見於〈去彊篇〉及〈靳令篇〉，二篇的說法又有不同：

> 農商官三者，國之常官也。三官者生蝨官者六：曰歲、曰食、曰美、

〔註1〕　賈誼《新書》卷第一〈過秦上〉，四庫叢刊正編第十七冊，頁5。台灣商務印書館，民國68年出版。

〔註2〕　瀧川龜太郎著《史記會注考證》，頁892。洪氏出版社，民國72年出版。

〔註3〕　參見錢穆《先秦諸子繫年考辨》卷三，頁228。東大圖書公司，民國79年出版。

〔註4〕　同註2，頁891。

〔註5〕　嚴萬里《商君書新校正·序》，收於王雲五主編之萬有文庫簡編第三十冊，商務印書館，民國28年出版。

〔註6〕　因爲春秋戰國社會政治動盪不安，但是一般臣子多仍是禮治德治或「明德慎罰」的觀念。例如春秋時（西元前五三六年）鄭國子產以鑄刑書的公布法治國，叔向曾送書信給子產說：「昔先王議事以制，不爲刑辟，懼民之有爭心也。猶不可禁禦，是故閑之以義，糾之以政，行之以禮，……嚴斷刑罰，以威其淫。」參見楊伯峻《春秋左傳注》下冊，頁1274～1275。源流出版社，民國71年出版。

曰好、曰志、曰行，六者有樸必削。(〈去彊篇〉)〔註7〕

六蝨，曰禮樂、曰詩書、曰修善、曰孝弟、曰誠信、曰貞廉、曰仁義、曰非兵、曰羞戰。國有十二者，上無使農戰，必貧至削。(〈靳令篇〉)〔註8〕

〈去彊篇〉及〈靳令篇〉對於六蝨的定義不一，學者對上述二說的取捨也不同：

（一）俞樾取〈去彊篇〉的六蝨說，認爲〈靳令篇〉「六蝨」之下言「國有十二者」，而所列者爲九事，數目不合，認爲六蝨二字應是衍文〔註9〕。

（二）簡書取〈靳令篇〉的「六蝨」說，認爲〈去彊篇〉「生蝨官者六」一句是指三官所生爲官之蝨者六事，非曾謂此即六蝨。並引用〈靳令篇〉「以六蝨授官與爵」等語，認爲「以志行玩好授官爵猶可，以歲食授官爵寧復可通？故依文義，與其歲食等爲六蝨，轉不若詩書禮樂等，數雖懸絕，情實尚較相近。」〔註10〕

至於尹桐陽採取〈靳令篇〉羅列的六蝨項目解讀，認爲：〔註11〕

（一）靳令之言，云六蝨曰禮樂、曰詩書、曰修善、曰孝弟、曰誠信、曰貞廉、曰仁義，凡諸曰字，均當同越，踰也，違也。

（二）曰羞戰之曰字，……若義同十二之十字，當作是字解。爾雅作時，時、十是雙聲通用，是二云者即斥非兵羞戰言也。

（三）此商君靳令篇之微意，而商君重視詩書禮樂等，亦由此見恁說流傳，……強秦之商君，冤含千古而莫白，悲夫！

以曰禮樂、曰詩書等七項目的「曰」字，同「越」字，作「踰也、違也」解釋，而曰羞戰的「曰」字，卻作「是」解釋，他認爲六蝨是指踰越禮樂、詩書、修善、孝弟、誠信、貞廉、仁義等項目，並加上非兵、羞戰二者。這種對「曰」字的解讀，而提出「商鞅重視詩書禮樂等」的看法。

〔註7〕 朱師轍《商君書解詁定本》，頁16。世界書局，民國64年出版。

〔註8〕 同註7，頁47

〔註9〕 參見俞樾《諸子平議》卷二十，頁396。台灣商務印書館，民國57年出版。

〔註10〕 參見簡書《商君書箋正》卷三〈靳令第十三〉，頁112～113。廣文書局，民國64年出版。

〔註11〕 參見尹桐陽〈六蝨辨〉一文，收於《諸子論略》卷三，頁142～143，廣文書局，民國64年出版。

六蝨項目爲何，《商君書》引用不一。〈去彊篇〉以歲、食、美、好、志、行爲六蝨，根據朱師轍注解說：「歲謂偷惰歲功，食謂暴棄食物，皆有害於農。美謂美衣食，好謂重玩好，皆有害於商。志謂暴慢之志，行謂有貪污之行，皆有害於官。」〔註12〕此六事非唯法家視爲寄生害蟲，諸子百家對於有害農商官三者的行爲也不能認同，以此爲六蝨內涵不能凸出商鞅學說的特色。

至於〈靳令篇〉羅列的六蝨內容與《商君書・農戰篇》的記載相似：

> 詩書禮樂善修仁廉辯慧，國有十者，上無使守戰。國以十者治，敵至必削，不至必貧。（〈農戰篇〉）〔註13〕

二者的重點在陳述禮樂、詩書、修善、孝弟、誠信、貞廉、仁義等教化或德行有礙於農戰的推行。藉由排斥禮樂詩書等教化以構成耕戰社會，這符合法家「任其力不任其德」（〈錯法篇〉）〔註14〕的特色，商鞅說：

> 國之所以重，主之所以尊者，力也。於此二者，力本。（〈愼法篇〉）〔註15〕

力指「農」「戰」，其以耕戰爲本務，爲使民致力農戰並有「壹賞」「壹教」的主張：

> 所謂壹賞者，利祿官爵摶出於兵，無有異施也。（〈賞刑篇〉）〔註16〕
> 所謂壹教者，博聞辯慧，信廉禮樂，修行群黨，任譽清濁，不可以富貴，不可以評刑，不可以獨立私議以陳其上。……然富貴之門，要在戰而已矣。（同上）〔註17〕

排斥禮樂、詩書、辯慧、修善、孝弟、誠信、貞廉、仁義等教化或德行，以確立耕戰的社會價值。所以，〈靳令篇〉的六蝨與商鞅的事功有一貫性，以下即以其所羅列的六蝨項目爲探討依據。

二、非禮樂的尚戰觀念

〈靳令篇〉視禮樂爲六蝨的首要項目，對於禮樂的內涵，商鞅說：

> 禮樂，淫佚之徵也。（〈說民篇〉）〔註18〕

〔註12〕同註7，頁16。
〔註13〕同註7，頁12。
〔註14〕同註7，頁40。
〔註15〕同註7，頁90。
〔註16〕同註7，頁59。
〔註17〕同註7，頁62。
〔註18〕同註7，頁21。

評論禮樂爲淫佚之徵，基本上對於禮樂的理解已限於春秋時代社會物力充足後變相的驕奢現象，換言之，〈靳令篇〉視爲六蝨之一的禮樂，已是不合時宜流於奢侈及形式末節的禮樂，並非儒家所說的「先王之制禮樂也，非以極口腹耳目之欲也，將以教民平好惡，而反人道之正也。」（《禮記·樂記》）〔註19〕的立身處世、治國教化的實質內涵。不過，商鞅又以末流禮樂總括儒家禮樂精神，所以禮樂的內涵成爲「淫佚之徵」。

商鞅視作淫佚之徵的禮與孔子提倡的禮層次上不同。《論語》記載孔子對於不合時宜禮樂的態度，例如季氏爲魯國大夫用八佾於家廟，僭越禮分，孔子說「是可忍也，孰不可忍也！」（〈八佾篇〉）〔註20〕管仲相齊僭用國君的樹塞門及行反坫，孔子說「管氏而知禮，孰不知禮！」（同上）〔註21〕但是孔子並未因此否定禮樂精神：〔註22〕

在政治社會層面上：孔子對當時踰越禮分提出「正名」的撥亂方法，使「君君、臣臣、父父、子子」的倫理關係正常化，以期某一身分的人具備符合其身分的言行。將原本規範天生名分的禮，擴充爲一般人可自行努力修養的品格行爲。

在精神內涵層面上：孔子賦予禮樂的內在基礎是「仁」，所以說「人而不仁，如禮何！人而不仁，如樂何！」（〈八佾篇〉）〔註23〕而禮樂是行仁的具體行爲，所以說「克己復禮爲仁」（〈顏淵篇〉）〔註24〕所轉化的禮樂已注入仁的精神，並非虛文或淫佚的禮樂。

至於商鞅斥荒淫之禮，並否定儒家禮樂精神的內涵爲「淫佚之徵」，淫佚源於富足而不能作正當的消耗，商鞅尋求解決的方式提出了「攻」「戰」：

> 國彊而不戰，毒輸於內，禮樂蝨官立，必削；國遂戰，毒輸於敵國，無禮樂蝨官，必彊（〈去彊篇〉）〔註25〕

〔註19〕《禮記注疏》卷三十七〈樂記第十九〉，《十三經注疏》第五冊，頁665，藝文印書館民國74年出版。

〔註20〕《論語注疏》卷第三〈八佾第三〉，《十三經注疏》第八冊，頁25，藝文印書館民國74年出版。

〔註21〕同註20，頁30～31。

〔註22〕參見林安弘《儒家禮樂的道德思想》，頁44至51。文津出版社，民國77年出版。

〔註23〕同註20，頁26。

〔註24〕《論語注疏》卷第十二〈顏淵第十二〉，同註19，頁106。

〔註25〕同註7，頁17。

　　國富而不戰，偷生於內，有六蝨，必弱。（〈靳令篇〉）〔註26〕

　　力多而不攻則有姦蝨。（〈壹言篇〉）〔註27〕

商鞅認爲消耗富足國力的最好方法在攻戰，反之淫靡毒素將在國內形成繁文縟節的淫佚禮樂，成爲「蝨」而腐蝕人心，國彊轉爲攻戰敵人，國內則可免於產生踰越的禮樂。

　　基本上，商鞅對禮壞樂崩後的僭禮作樂發出了譴責並尋求解決方式，可惜他未再進一步了解或恢復理想的禮樂實質，而是將此不合宜的禮樂等同儒家禮樂，並一併排除而主張攻戰。這與孔子「正名」以撥亂或「克己復禮」的思路不同，是將重心置於攻戰而忽略禮樂的教化價值。

　　商鞅非禮樂而崇尚攻戰與秦風俗有關，《詩經‧秦風》的〈小戎〉、〈無衣〉、〈駟驖〉等詩中歌頌秦人善御、善射、兵車武器和不忘備戰的精神。〔註28〕《史記‧秦本紀》記載秦本是西方山嶺草原的牧馬部落，秦襄王時以兵送周平王，有功封侯而賜其岐以西的土地，襄公建國而國土迫近西戎僻處西陲，爲阻遏戎患多修習戰備。所以《漢書》說：

　　　山西天水、隴西、安定、北地，處勢迫近羌胡，民俗修習戰備，高
　　　上勇力，鞍馬騎射。故秦詩曰：『王于興師，修我甲兵，與子皆行。』
　　　其風聲氣俗，自古而然，今之歌謠慷慨，風流猶存耳。（〈趙充國辛
　　　慶忌傳贊〉）〔註29〕

商鞅非禮樂則秦文化近於夷狄的流弊也無法改善，商鞅變法前「始秦戎翟之教，父子無別，同室而居」（《史記‧商君列傳》）〔註30〕商鞅變法改革後仍有「抱哺其子，與公併倨；婦姑不相說，則反唇而相稽」（《漢書‧賈誼傳》）〔註31〕「擊甕叩缶，彈箏搏髀，而歌聲嗚嗚」（《史記‧李斯列傳》）〔註32〕的文明低落現象。

〔註26〕同註7，頁46。

〔註27〕同註7，頁36。

〔註28〕如〈小戎〉詩：「俴駟孔群，厹矛鋚鐓，蒙伐有苑，虎韔鏤膺。」（參見裴普
　　　賢編著《詩經評註讀本》上冊，頁454。三民書局，民國75年出版。）
　　　〈無衣〉詩：「豈曰無衣？與子同袍。王于興師，脩我戈矛。與子同仇。」（頁
　　　470）
　　　〈駟驖〉詩：「駟驖孔阜，六轡在手」（頁 447）「公曰左之，舍拔則獲」（頁
　　　448）

〔註29〕楊家駱主編《新校本漢書》第四冊，頁2999，鼎文書局，民國75年出版。

〔註30〕同註2，頁894。

〔註31〕同註29，第三冊，頁2244。

〔註32〕同註2，頁1036。

三、非詩書、辯慧的反智思維

商鞅視詩書、辯慧爲六蝨之一,非詩書的言詞常與非辯慧同時出現。〔註33〕而辯慧之意包括了言談與智慧,智慧的提昇,游談言辯能力也會增強。

《商君書》曾論及詩書辯慧的缺失有下列二點:

(一)任用談說之士,則失去以農戰任官予爵的標準。衍生軍民不戰、農民流徙的捨棄農戰現象,而國力削弱。他說:

> 農戰之民千人,而有詩書辯慧者一人焉,千人者皆怠於農戰矣。農戰之民百人,而有技藝者一人焉,百人者皆怠於農戰矣。(〈農戰篇〉)
> 〔註34〕

> 今境內之民,皆曰:『農戰可避,而官爵可得也。』是故豪傑皆可變業,務學詩書,隨從外權,上可以得顯,下可以得官爵。……皆以避農戰,具備,國之危也。(同上)〔註35〕

〈農戰篇〉中強調詩書談說之士對耕戰的國力影響甚大,同時學詩書可有「外權」,外權爲外國勢力。由於戰國時競相招養游士,人民有知識往往有機會至其它諸侯國游說並受重用,「禮賢下士」則人民棄農戰而追求知識,損及國家勞力,爲防止知識分子與國外的連繫,因而視詩書辯慧爲蝨加以杜絕。事實上,不僅非詩書辯慧,〈算地篇〉更有斥「五民」的言論。〔註36〕所謂「五民」分別是詩書談說之士、處士、勇士、技藝之士和商賈之士,至於其中的知識分子對國家形成的壓力最大,而有詩書與技藝之害有千人、百人之異的比較。

(二)游談辯慧之士有結黨營私情形。他說:

> 世之所謂賢者,言正也,所以爲言正者,黨也。聽其言也,則以爲能;問其黨,以爲然,故貴之,不待其有功;誅之,不待其有罪也。」
> 〈慎法篇〉〔註37〕

認爲世上所謂的賢能的人,是指他的言論正確,而所以被認爲言論正確,則

〔註33〕例如:〈農戰篇〉說:「農戰之民千人,而有詩書辯慧者一人焉,千人皆怠於農戰矣。農戰之民百人,而有技藝者一人焉,百人者皆怠於農戰矣。」

〔註34〕同註7,頁12。

〔註35〕同註7,頁10。

〔註36〕〈算地篇〉說:「夫治國舍勢而任說說,則身修而功寡。故事詩書談說之士,則民游而輕其君;事處士,則民遠而非其上;事勇士,則民競而輕其禁;技藝之士用,則民剽而易徙;商賈之士佚且利,則民緣而議其上。故五民加於國用,則田荒而兵弱。」(同註7,頁27至28)

〔註37〕同註7,頁89。

是因爲他的黨羽稱譽，「聽其言」、「問其黨」，而任人舉才將漫無標準。

上述這二種非詩書辯慧的原因，是從負面解讀認爲詩書等知識將流於談說、動搖農戰並結黨營私。

商鞅以詩書爲辯慧的根源，而辯慧爲「亂之贊也」（〈說民篇〉）〔註38〕，認爲「說者成伍，煩言飾辭，而無實用」（〈農戰篇〉）〔註39〕《史記・商君列傳》即有一段記載：

> 秦民初言令不便者，有來言令便者。衛鞅曰：此皆亂化之民也，盡遷之於邊城。其後民莫敢議令。〔註40〕

商鞅反對聽任私議而釋法或廢法，秦民談論法令便或不便，多視爲亂化之民而遷往邊城，這與儒家對人民議政所持的正面態度不同。孔子曾說：

> 天下有道，則庶人不議。（《論語・季氏篇》）〔註41〕

換言之，天下無道則庶人議。所以孔子評子產不毀鄉校，使議政之善否，曾說：

> 以是觀之，人謂子產不仁，吾不信也。（《左傳・襄公三十一年》）〔註42〕

孔子認爲議政具有建設性，與商鞅杜絕人民私議而專一於農戰的看法不同。

商鞅這種非詩書辯慧以杜絕私議而導向農戰強國的觀念影響很大，《韓非子・和氏篇》說：

> 商君教秦孝公連什伍，設告坐之過，燔詩書而明法令，塞私門之請，而遂公家之勞，禁游宦之民，而顯耕戰之士。〔註43〕

始皇三十四年李斯又奏議「焚書」：

> 異時諸侯並爭，厚招游學，今天下已定，法令出一，百姓當家則力農工，士則學習法令辟禁。今諸生不師今而學古，以非當世，惑亂黔首。丞相臣斯昧死言：古者天下散亂，莫之能一，是以諸侯並作，語皆道古以害今，飾虛言以亂實，人善其所私學，以非上之所建立。

〔註38〕 同註7，頁21。
〔註39〕 同註7，頁14。
〔註40〕 同註2，頁893。
〔註41〕 《論語注疏》卷第十六〈顏淵第十六〉，同註20，頁147。
〔註42〕 《春秋左傳正義》卷四十〈襄公三十一年〉，《十三經注疏》第六冊，頁689，藝文印書館民國74年出版。
〔註43〕 陳奇猷校注《韓非子集釋》卷第四〈和氏〉，頁239，河洛圖書出版社，民國63年出版。

今皇帝并有天下，別黑白而定一尊。私學而相與非法教，人聞令下，則各以其學議之，入則心非，出則巷議，夸生以爲名，異取以爲高，率群下以造謗，如此弗禁，則主勢降乎上，黨與成乎下，禁之便。臣請史官非秦記皆燒之。（《史記‧秦始皇本紀》）〔註44〕

李斯奏議說明其諫焚書乃欲防止「人善其私學」之後，將「不師今而學古，以非當世」，有礙國家一統。學者曾論及李斯實受商鞅影響：

至於偶語詩書者弃市，以古非今者族，其端皆自鞅發之。（蘇轍《古史‧商君列傳》）〔註45〕

然不貴學問以愚民，不令豪傑務學詩書，其流毒至嬴政，遂大焚詩書百家語，以愚天下黔首，鞅實啓之，非特李斯過也。（宋濂〈諸子辯〉）〔註46〕

是以盡舍其師荀卿之學，而爲商鞅之學。掃去三代先王仁政，而一切取自恣肆以爲治，焚詩書，禁學士，滅三代法而尚督責。（姚鼐《惜抱軒文集》卷一〈李斯論〉）〔註47〕

上述評論強調商鞅斥詩書，反對議政、禁錮思想在先，而後有李斯諫焚書的文化浩劫，不惜焚詩書，既絕民智又毀棄文化，這種出自政治觀點的愚民政策，欲民無知而致力耕戰，是回歸到「民不可與慮始，而可與樂成」（〈更法篇〉）〔註48〕的邏輯裏。藉焚詩書的愚民政策以鞏固耕戰，已犧牲了人權的重要性，誠如胡樸安所說的：

以農戰爲要務，不思啓發人民之知識，惟愚民以求易使，剝人權太甚。（《商君書解詁定本‧初印本胡序》）〔註49〕

尤其與人類求知的本能和欲求相悖，呂子曾說：

天生人而使其耳可以聞，不學，其聞則不若聾；使其目可以見，不學，其見則不若盲；使其口可以言，不學，其言則不若瘖；使其心可以智，不學，其智則不若狂。故凡學非能益之也，達天性也。能

〔註44〕同註2，頁123。
〔註45〕景印文淵閣《四庫全書》史部一二九別史類第371冊，頁525。台灣商務印書館，民國75年出版。
〔註46〕《潛溪後集》卷之一〈諸子辯〉，收於《宋濂全集》第一冊，頁141。浙江古籍出版社，1999年出版。
〔註47〕姚鼐《惜抱軒詩文集》，頁5～6，上海古籍出版社，1992年出版。
〔註48〕同註7，頁2。
〔註49〕同註7，頁7。

> 全天之所生，而勿敗之，可謂善學者矣。〔註50〕

人與生具有天官與心官，而有聞、見、言、智等本能活動，商鞅非詩書辯慧對心官認知判斷已形成約束性，所以有「反智論在法家的系統中獲得最充分的發展」〔註51〕的現象。

四、非仁義的崇法政策

仁義列爲六蝨之一，但是〈靳令篇〉又有一段「述仁義於天下」的文字：

> 聖君知物之要，故其治民有至要，故執賞罰以壹輔仁者，心之續也。
>
> 聖人之治人也，必得其心，故能用力。力生彊，彊生威，威生惠，
>
> 惠生德。德生於力。聖君獨有之，故能述仁義於天下。〔註52〕

此段文字陳述了臻至仁義大道的漸進過程，首先以賞罰輔仁政治理人民，得民心才能運用民力，國有力進而彊大有威勢，威盛人民才感受統治者的恩惠德澤。最後歸結出君主治國的力、彊、威、惠、德等的理想在天下行仁義大道。

依據此段則商鞅是否非仁義也出現歧見，不過歷來關於〈靳令篇〉的考辨，或認爲西漢初期的「後人雜湊」而成：〔註53〕

> 所謂「輔仁者，述仁義」，皆顯背商子之旨，可證此篇爲雜湊而成
>
> 者。……德生於力，德非即此言仁義乎？夫此之仁義，商君之仁義也。

或認爲有商鞅言論而加以竄改及附益者。〔註54〕由於〈靳令篇〉「述仁義於天下」一段的思想與商鞅學說「任其力不任其德」（〈錯法篇〉）〔註55〕的脈絡不符，應是後人雜湊部分，則不足以推斷商鞅認同仁義。

商鞅非仁義的治國方式則是導向了崇尚法治的政策，他曾說：

> 聖王者，不貴義而貴法。法必明，令必行，則已矣。（〈畫策篇〉）
>
> 〔註56〕
>
> 刑治則民威，民威則無姦，無姦則民安其所樂。以義教民則民縱，

〔註50〕 參見洪邁《容齋四筆》卷第三〈呂子論學〉，收於《容齋隨筆》下冊，頁645至646。大立出版社，民國70年出版。

〔註51〕 參見余英時《歷史與思想》第20，頁。聯經出版社，民國79年出版。

〔註52〕 同註7，頁48。

〔註53〕 參見蔣禮鴻《商君書錐指》〈靳令篇〉案語，頁82。北京中華書局1986年出版。

〔註54〕 參見賀凌虛〈商君書及其基本思想析論〉一文的整理成果。收錄於《商君書今註今譯》，頁118至221。台灣商務印書館，民國七十七年出版。

〔註55〕 同註7，頁40。

〔註56〕 同註7，頁68至69。

民縱則亂，亂則民傷其所惡。（〈開塞篇〉）〔註57〕
認為以刑治的強制性和威嚴才能有效去除姦邪，以義來教化人民則人民變得
放縱，放縱造成混亂，所謂「正民者，以其所惡，必終其所好；以其所好，
必敗其所惡。」（〈開塞篇〉）〔註58〕「所惡」指人民所厭惡的刑罰治理人民，
「所好」指人民所喜愛的仁義治理人民，也就是「吾所謂刑者，義之本；而
世所謂義者，暴之道也。」（〈開塞篇〉）〔註59〕的意思。

　　在商鞅學說中「義」已轉化為人民縱亂的條件，而此種轉化與其學說中
的人性看法和歷史演進契合。他曾說：

> 仁者能仁於人，而不能使人仁；義者能愛於人，而不能使人愛。是
> 以知仁義之不足以治天下也。聖人有必信之性，又有使天下不得不
> 信之法。所謂義者，為人臣忠，為人子孝，少長有禮，男女有別；
> 非其義也，餓不苟食，死不苟生。此乃有法之常也。聖王者，不貴
> 義而貴法，法必明，令必行，則已矣。（〈畫策篇〉）〔註60〕

這段說明仁者、義者能仁於人、愛於人，然而人性無明，所以不能使人仁、
使人愛，以仁義治國只是理想。認為義，就是做人臣的忠誠、做人子的孝順、
少長之間有禮、男女之間有別，不合乎義理的，餓了也不苟且就食，就是將
要死亡也不苟且偷生，這是因為「法」所定立的常軌。所以稱為聖王的人不
重視義而重視法，主張以法治民，藉法的強制力才能使人必忠、必孝、必禮、
必有別，已忽略「舜何人也？予何人也？有為者亦若是。」（《孟子·滕文公
上篇》）〔註61〕的普遍性。至於人性無明，則何以有仁者、義者的存在，可見
其說已有矛盾現象。

　　上述商鞅純然的以法御民的思想，已否定人性的向上超拔能力，為強調
此觀念，他舉例說：

> 離朱見秋毫百步之外，而不能以明目易人；烏獲舉千鈞之重，而不
> 能以多力易人。夫聖人之存體性，不可以易人，然而功可得者，法
> 之謂也。（〈錯法篇〉）〔註62〕

〔註57〕 同註7，頁33。
〔註58〕 同註7，頁33。
〔註59〕 同註7，頁33。
〔註60〕 同註7，頁68。
〔註61〕 《孟子注疏》卷第五上〈滕文公章句上〉，《十三經注疏》第八冊，頁88。
〔註62〕 同註7，頁40。

以離朱可見百步外的秋毫之末和烏獲能舉三萬斤重量，此特殊才能卻不能使他人目明，也不能使他人大力，來譬喻聖人的仁心也不能用來變化他人，排除了「我欲仁，斯仁至矣」(《論語・述而篇》)〔註63〕的可行性。所以認爲「功可得者，法之謂也」(〈錯法篇〉)〔註64〕，因爲「刑治則民威，民威則無姦」(參見前述引〈開塞篇〉之言)，著重人民畏威的心理，所以其所論及的人性本質，並未進入道德層面觀察。所論及的人性言論，例如：

> 民之性，饑而求食，勞而求佚，苦則索樂，辱則求榮，此民之情也。
> (〈算地篇〉)〔註65〕
> 羞辱勞苦者，民之所惡也；顯榮佚樂者，民之所務也。夫人性好爵祿而惡刑罰。(〈錯法篇〉)〔註66〕
> 民之欲富貴也，共闔棺而後止。(〈賞刑篇〉)〔註67〕
> 民之於利也，若水於下也，四旁無擇也。(〈君臣篇〉)〔註68〕

說明了人有求食、求安樂以及求顯榮的不同層次需求，求生求食是維持生存的本能，但並非因此而滿足，而後有求安樂、求顯榮的欲求，且罕能知足知止，「若水於下」「共闔棺而後止」的趨向自利。又說：

> 民生則計利，死則慮名。……民之生，度而取長，稱而取重，權而索利。(〈算地篇〉)〔註69〕

從計慮心的角度衡量，民性往往利之中取大，害之中取小，生時求利，死則求名。商鞅從經驗立場觀察人性多有追求己利現象，但並不思考如何提昇人性，更進而運用自利人性，以刑罰使民趨利避害致力農戰，他說：

> 夫人情好爵祿而惡刑罰，人君設二者以御民之志，而立所欲焉。(〈錯法篇〉)〔註70〕

又說：

> 二者，立本。而世主莫能致力者，何也？……今欲驅其民，……臣

〔註63〕《論語注疏》卷第七〈述而第七〉，同註19，頁64。
〔註64〕同註7，頁40。
〔註65〕同註7，頁26。
〔註66〕同註7，頁38。
〔註67〕同註7，頁63。
〔註68〕同註7，頁85。
〔註69〕同註7，頁28。
〔註70〕同註7，頁39。

以爲非劫以刑，而驅以賞莫可。（〈愼法篇〉）〔註71〕

至於游士、商賈、技藝之士皆可獲利，但與國家尙力的前提相悖，所以主張
「塞私道以窮其志，啓一門以致其欲」（〈說民篇〉）〔註72〕「啓一門」指啓農
戰一途，凡游士、商賈、技藝之士等都在排斥之列，只獎耕戰，使「利出於
地，則民盡力；名出於戰，則民致死。」（〈算地篇〉）〔註73〕

　　商鞅強調人性貪得樂進的一面而以賞罰役民，與儒家肯定人性的光明面
不同。孔子說：

爲仁由己，而由人乎哉？（《論語・顏淵篇》）〔註74〕

仁遠乎哉？我欲仁，斯仁至矣。（〈述而篇〉）〔註75〕

孔子言「爲仁由己」即行仁由心的自覺而發動，不假外求，是以「心」爲道
德端緒的發露處。孟子承孔子的仁心，提出人有仁義禮智諸善端：

人皆有不忍人之心……今人見孺子將入於井，皆有怵惕惻隱之心。
非所以內交於孺子之父母也，非所以要譽於鄉黨朋友也，非惡其聲
然也。由是觀之，無惻隱之心，非人也；無羞惡之心，非人也；無
辭讓之心，非人也；無是非之心，非人也。惻隱之心，仁之端也。
羞惡之心，義之端也。辭讓之心，禮之端也。是非之心，智之端也。
（《孟子・公孫丑上篇》）〔註76〕

孟子以見孺子將入於井爲例，證明人有惻隱之心，在刹那間，未考慮利害得失
的急切情形下，呈現出了怵惕惻隱之心。所以自覺應救助孺子，不受是否內交
於孺子父母或譽於鄉黨朋友等外在因素的影響。若能自覺人性本善，不待於外，
並從善端處擴充，則仁、義、禮、智即可呈露。所以孟子又說：「仁義禮智非由
外鑠我也，我固有之也，弗思耳矣。」（《孟子・告子上篇》）〔註77〕能思能反省，
進而提起本心之善，此爲人禽相異之處，也是成聖成賢的基礎。

　　而後荀子有性惡之說：

〔註71〕同註7，頁90。

〔註72〕同註7，頁23。

〔註73〕同註7，頁27。

〔註74〕《論語注疏》卷第十二〈顏淵第十二〉，同註20，頁106。

〔註75〕《論語注疏》卷第七〈述而第七〉，同註20，頁64。

〔註76〕《孟子注疏》卷第三下〈公孫丑章句上〉，《十三經注疏》第八冊，頁65～
66。

〔註77〕《孟子注疏》卷第十一上〈告子章句上〉，《十三經注疏》第八冊，頁195。

人之性惡，其善者僞也。(《荀子‧性惡篇》) 〔註78〕

是從「生而有好利焉」、「生而有疾惡焉」、「生而有耳目之欲有好聲色焉」(同上) 〔註79〕 等欲求上言人之性惡，但仍肯定人的向上心，他說：

生之所以然者謂之性，……性之好惡喜怒哀樂謂之情，情然而心爲之擇謂之慮，心慮而能爲之動謂之僞。慮積焉，能習焉，而後成謂之僞。(〈正名篇〉) 〔註80〕

是將心獨立於性之外，透過心知，仍可化性起僞，積僞成聖。孔孟荀肯定人性，而商鞅無視道德心靈的需求，使人性更加黑暗。

商鞅重視刑法的作用除受人性觀念影響外，與其歷史不可復的演進觀念也有關，〈開塞篇〉將社會的形成分爲上世、中世、下世三階段，〔註81〕每一階段隨時勢需要而轉變，所以說「民道弊而所重易也，世事變而行道異也」(〈開塞篇〉) 〔註82〕，其因應時移勢異態度是：「不法古，不修今，因世而爲之治，度俗而爲之法。」(〈壹言篇〉) 〔註83〕至於當今世俗產生如何的變化？又該如何因應呢？他說：

神農教耕而王天下，師其知也；湯武致彊而征諸侯，服其力也。今世巧而民淫，方倣湯武之時，而行神農之世，以隨世禁，故千乘惑亂。(〈算地篇〉) 〔註84〕

神農時以智慧可統有天下，湯武時期以力量可臣服人臣，至於今世人民知巧淫佚，較前世更爲混亂，顧炎武曾說：「春秋時，猶尊禮重信，而七國則絕不言禮與信矣。春秋時，猶宗周室，則七國則絕不言王矣。春秋時，猶言祭祀、重聘享，而七國則無其事矣。春秋時猶論宗姓氏族，而七國則無一言及之矣。春秋時，猶宴會賦詩，則七國則不聞矣。邦無定交，士無定主。此皆變於一百三十

〔註78〕梁叔任撰《荀子約注》下冊，頁 327。世界書局，民國 70 年出版。

〔註79〕同註 78。

〔註80〕同註 78，頁 309～310。

〔註81〕「上世親親而愛私，中世上賢而說仁，下世貴貴而尊官」，「親親而愛私」指愛護親人追求私利，偏私而區別人我，所以說「親親則別，愛私則險」。「上賢而說仁」指進入崇尚賢人時期，建立公正無私的原則而愛人利人，是上世爭取私利的修正。「貴貴而尊官」指尊重高位和重視官吏，以尚賢行仁無強制規定，「久而相出爲道，則有亂」，因而進入尊崇高位的時期。

〔註82〕同註 7，頁 32。

〔註83〕同註 7，頁 37。

〔註84〕同註 7，頁 28。

三年之間，史之闕文，而後人可以意推者也。不待始皇之一并天下，而文武之道盡矣。」〔註85〕戰國時代「文武之道」已盡，商鞅因而崇尚法治，強調：

> 故有明主忠臣產於今世，而能領其國者，不可以須臾忘於法。（〈慎
> 法篇〉）〔註86〕

在上述商鞅對人性觀和歷史觀的認知前提下，忽略仁治崇尚法治成爲學說的歸趨和治國原則。〈之罘刻石〉記載：

> 普施明法，經緯天下。永爲儀則。大矣哉！宇縣之中，承順聖意。（《史
> 記·秦始皇本紀》）〔註87〕

秦始皇以法令爲平治天下標準，實已奠基於商鞅的變法。

五、非孝弟、誠信、慈廉、善修的獎告姦特色

孝弟、誠信、慈廉、善修諸項，屬於家庭倫理及品德修爲，列此諸德目爲六蝨，是刻意忽視道德的價值。其輕忽孝弟諸道德的原因，依據他說：

> 用善則民親其親，任姦則民親其制，合而復之者，善也，別而規之
> 者，姦也。（〈說民篇〉）〔註88〕

「善」指善良人民，用善是用治理善良人民的方法治民，即以孝弟等道德教化民眾，人民將親其親，並「合而復之」。「復」是遮蓋的意思，「合而復之」是人民相連合而互相隱匿過失，「亦即儒家所主張的爲親者諱」〔註89〕。「姦」指姦民，任姦是用治理姦民的方法治民，即以法治規範民眾，則「別而規之」。「規」是以法正人的意思，「別而規之」是人民不互相連合而互相以法正之，即「商鞅行告姦之法，令民各須告姦而以法正之」〔註90〕。由上述推知，非孝弟等倫理觀念的動機，著重在避免私親關係掩非飾過而以私害公。所以他說：

> 故至治，夫妻交友不能相爲棄惡蓋非，而不害於親，民人不能相爲
> 隱。（〈禁使篇〉）〔註91〕

〔註85〕顧炎武《日知錄》卷十三〈周末風俗〉，第三冊，頁38。台灣商務印書館，民國67年出版。

〔註86〕同註7，頁89。

〔註87〕同註2，頁121。

〔註88〕同註7，頁21。

〔註89〕賀凌虛註解，參見《商君書今註今譯》，頁49。

〔註90〕同上，引自陳啓天《商君書校釋》的說法。

〔註91〕同註7，頁87。

> 親昆仲有過不違，而況疏遠乎？（〈賞刑篇〉）〔註92〕

理想政治是夫妻、朋友、親兄弟間也不能相互隱過。換言之，親屬利益與國家利益相衝突，應勇於糾舉親人的過失以維護法治。《韓非子》承其觀點並有舉例說明：

> 楚之有直躬，其父竊羊而謁之吏。令尹曰：「殺之」，以爲直於君而曲於父，報而罪之。以是觀之，夫君之直臣，父之暴子也。魯人從君戰，三戰三北，仲尼問其故，對曰：「吾有老父，身死莫之養也。」仲尼以爲孝，舉而上之。以是觀之，夫父之孝子，君之背臣也。故令尹誅而楚姦不上聞，仲尼賞而魯民易降北，上下其利若是其異也。而人主兼舉匹夫之行，而求致社稷之福，必不幾矣。（〈五蠹篇〉）〔註93〕

以「直躬之父竊羊」和「魯人三戰三北」的例子呈現生活中孝弟等倫理與法治的衝突，在法家強兵富國的前提下，親其親、長其長的孝弟等觀念影響了法的制約效力。商鞅因而制定獎告姦的連坐制度：

> 令民爲什伍，而相牧司連坐，不告姦者，腰斬；告姦者，與斬敵首同賞；匿姦者，與降敵同罰。（《史記·商君列傳》）〔註94〕
> 守法守職之吏有不行王法者，罪死不赦，刑及三族。周官之人，知而訐之上者，自免於罪，無貴賤，尸襲其官長之官爵田祿。（〈賞刑篇〉）〔註95〕

「令民爲什伍，而相牧司連坐」可見戶口採用軍民一體的什伍編制，使民便於監督，告發姦邪予以重賞，不舉發則行重罰。在《雲夢秦簡》也有處罰不告姦的簡文：「夫有辠（罪），妻先告，不收。」（〈法律答問〉）〔註96〕是丈夫有罪，妻子告官得免連坐。「百姓不當老，至老時不用請，敢爲酢（詐）僞者，貲二甲；典老弗告者，各貲一甲；伍人戶一盾，皆遷（遷）之。」（〈秦律雜抄〉）〔註97〕對於隱匿人口有礙賦徭征收，典老和同伍之人不告姦也受連坐處罰而貲一甲。不論是夫妻關係或鄰里關係均有告姦不得隱過的責任。

其去私恩有罪必罰，不因親疏而掩過蓋非已毀壞孝弟的自然人倫天性，

〔註92〕同註7，頁62。
〔註93〕同註43，頁1057。
〔註94〕同註2，頁892～893。
〔註95〕同註7，頁61。
〔註96〕參見〈文物〉一九七六年第八期雲夢秦墓竹簡釋文。
〔註97〕同註96。

章炳麟說：

> 吾所爲瀷鞅者，則在於詆詩書，毀孝弟而已。《訄書‧商鞅第三十五》）

〔註98〕

陳澧說：

> 嗚呼！禮樂詩書仁義不必論矣。若孝悌，則自有人類以來，未有
> 不以爲美者，而商鞅以爲蝨，以爲必亡必削，非枭獍而爲此言哉！
> 親親尊尊之恩絕矣，車裂不足蔽其辜也。（《東塾讀書記》卷十二）

〔註99〕

商鞅以孝弟爲蝨，陳澧評爲「親親尊尊之恩絕矣」，此爲司馬遷評法家「不別親疏，不殊貴賤，一斷於法」（《史記‧太史公自序》）〔註100〕之義，損害了「列君臣父子之禮，序夫婦長幼之別」（同上）〔註101〕的人文涵養。

　　儒家是容許「父爲子隱，子爲父隱」（《論語‧子路篇》）〔註102〕，父或子犯罪，子女或父母可不作證人不供證詞。例如：

> 桃應問曰：「舜爲天子，皋陶爲士，瞽瞍殺人，則如之何？」孟子曰：
> 「執之而已矣！」「然則舜不禁與？」曰：「夫舜惡得而禁之！夫有
> 所受也」「然則舜如之何？」曰：「舜視天下，猶棄敝蹝也。竊負而
> 逃，遵海濱而處，終身訢然，樂而忘天下。」（《孟子‧盡心上篇》）

〔註103〕

此章是孟子師生假設的問答，舜做天子，皋陶做士，倘若瞽瞍殺人，皋陶執法捕人，不因天子的父親犯了法，而禁止司法官員的拘捕。舜則私下背負父親逃走，棄天下如同丟掉一雙破草鞋般。儒家強調了行法不宜導致對倫理道德的否定。現代律法也有相似的人文內涵，如刑事訴訟法：「現爲或曾爲被告或自訴人之配偶，五親等內之血親，三親等內之姻親或家長、家屬者，得拒絕證言。」〔註104〕商鞅重法務民告姦，即使夫妻兄弟關係亦無例外，有違倫

〔註98〕章炳麟著、錢鍾書主編《訄書》初刻本、重印本，頁86，新知三聯書店，1998年出版。

〔註99〕陳澧《東塾讀書記》，頁211，王雲五主編，人人文庫，商務印書館，民國64年出版。

〔註100〕同註2，頁1368。

〔註101〕同註2，頁1367。

〔註102〕《論語注疏》卷第十三〈子路第十三〉，同註20，頁118。

〔註103〕《孟子注疏》卷第十三下〈盡心章句上〉，《十三經注疏》第八冊，頁240至241。

〔註104〕刑事訴訟法第一八○條，施茂林、劉清景主編《最新實用六法全書》，頁521。

常。

六、非非兵、羞戰的強國思想

非兵羞戰視爲蝨，必然是主張兵和戰，他說：

> 戰事兵用曰彊，戰亂兵息而國削。(〈去彊篇〉)〔註105〕

> 名尊地廣以至於王者，何故？戰勝者也。名卑地削以至於亡者，何
> 故？戰罷者也。(〈畫策篇〉)〔註106〕

戰國時期列強環伺併吞的情勢中重戰爭勝得免於滅亡，商鞅爲鼓勵軍民攻戰
並有「壹賞」〔註107〕和「壹教」〔註108〕的價值標準，以「有軍功者，各以率
受上爵」(《史記·商君列傳》)〔註109〕來獲得財富和提升地位。《商君書》即載
軍爵有一至十六級(〈境內篇〉)〔註110〕，《漢書·百官公卿表》記載秦有爵二
十級，也是在商鞅軍爵的基礎架構上形成的。秦二十爵制是〔註111〕：

1. 軍隊中官、兵的等級身分。軍隊中地位最低的兵叫「小夫」，那
   是沒有爵位的。

2. 一級公士，就是「步卒之爵」者(劉邵〈爵制〉)；二級上造，
   是可以「乘兵車」的(《漢舊儀》)；三級簪裊，是可以「御駟馬」
   的，「簪裊」是「以組帶馬」的意思(《漢書·百官公卿表、顏
   注》)；四級不更，「主一車四馬」(《漢舊儀》)，「不豫更卒之事」
   (《漢書·百官公卿表、顏注》)，平時免除更役，編入軍隊後也
   還屬於「卒」的性質。

3. 五級大夫以上，才是官長、將師。

4. 第八級公乘，是「得乘公家車」的。(《漢書·百官公卿表、顏注》)

5. 第十二級到第十四級便稱「更」，「更言主領更卒，部其役使也。」

大偉書局，民國75年出版。

〔註105〕同註7，頁16。
〔註106〕同註7，頁65。
〔註107〕〈賞刑篇〉說：「所謂壹賞者，利祿官爵搏出於兵，無有異施也。」同註7，
　　　　頁90。
〔註108〕〈賞刑篇〉說：「所謂壹教者，博聞辯慧，信廉禮樂，修行群黨，任譽清濁，
　　　　不可以富貴，……然富貴之門，要在戰而已矣。」同註7，頁59。
〔註109〕同註2，頁893。
〔註110〕同註7，頁71至73。
〔註111〕楊寬《戰國史》，頁250至251。台灣商務印書館，1997年增訂版。

（《漢書・百官公卿表、顏注》）

而論功行賞的辦法有四項要點：〔註112〕

1. 一級公士不必有軍功，是秦軍的恩賜。

2. 二級上造、三級簪褭和四級不更，便全憑個人戰功而晉升，原則上是依照韓非所述商君之法斬一首爵一級的方式。

3. 第四級以後則不能按此方法晉升，須擔任屯長或百將，而所率領的部隊在一次戰役中獲得三十三首，才得以晉爵。

4. 除上述外，又有能得甲首一者，賞爵一級，並益以田宅、庶子的辦法。此因「甲首」與一般斬首不同，他是行伍的首腦，斬獲困難，故得厚賞。

「按照《秦律》規定，在一定範圍內，爵位可以用來贖免自身或家人奴隸的身分，犯罪時還可以按爵位高低在一定範圍內減輕刑罰；如果死去，爵位每高一級，他的墳墓上就多種一棵樹。總之，從第一級到第二十級，各級都有相應的政治、經濟特權，如做官、取得土地、田宅、奴隸，享用食邑上的租稅、贖身、減輕刑罰，以致死後植樹封墓等等，並且用法律形式規定下來。」〔註113〕軍功的內容和鼓舞作用之大，並不是韓非所說「斬一首者爵一級」（《韓非子・定法篇》）〔註114〕所能涵蓋。

商鞅不僅訂定軍爵制度，本身也是一位善戰的兵家，《史記》本傳有欺魏印之役：

> 商鞅說孝公曰：「秦人之與魏，譬若人之有腹心疾……」孝公以為然，使衛鞅將而伐魏。魏使公子卬將而擊之。……會盟已飲，而衛伏甲士而襲虜魏公子卬，因攻其軍，盡破之以歸秦。〔註115〕

《荀子・議兵篇》也說：「故齊之田單、楚之莊蹻、秦之衛鞅、燕之繆蟣，是皆世俗之所謂善用兵者也。」〔註116〕陳啓天又說：「商鞅以法家而兼兵家，曾任大將，戰勝攻取；初主變法，繼乃親征，即是實行〈戰法〉和〈立本〉兩

〔註112〕參見杜正勝〈從爵制論商鞅變法所形成的社會〉一文，收錄《中研院歷史語言研究所集刊》第五十六本第三分。

〔註113〕同註111。

〔註114〕陳奇猷校注《韓非子集釋》卷第十七〈定法〉，頁907，河洛圖書出版社，民國63年出版。

〔註115〕王曉波先生說：「欺魏將印是兵不厭詐，這應該是商君的善用兵。」參見《先秦法家思想史論》，頁155，聯經文化事業公司，民國80年出版。

〔註116〕同註78，頁197。

篇的主張。」〔註117〕

　　至於商鞅重戰尙首功的目標在強國而非強民，他說：

> 不勝而王，不敗而亡，自古及今，未嘗有也。((畫策篇)) 〔註118〕

表示他的強兵重戰在取得霸業，尙首功是鼓勵人民爭戰的方法，在軍爵的鼓舞利誘之下，秦兵戰鬥力增強，如「秦獻公二十一年與晉戰，斬首六萬；孝公八年與魏戰，斬首七千；惠文王八年與魏戰，斬首四萬五千；後七年，與韓、趙戰，斬首八萬⋯⋯。」〔註119〕數字很驚人，反應了重戰策略的成效。蔡澤對應侯說：

> 夫商君爲孝公平權衡、正度量、調輕重，決裂阡陌，教民耕戰，是以兵動而地廣，兵休而國富，故秦無敵於天下，立威諸侯。(《戰國策・秦策三・蔡澤見逐於趙》) 〔註120〕

即肯定了兵戰是樹立秦孝公霸業的重要項目之一，也可見商鞅對於秦的貢獻和影響。

七、結　語

　　總上所述，商鞅所界定的禮樂是奢靡淫佚的末流，藉由否定「淫佚之徵」的禮樂，以偏概全的全盤排除了儒家的禮樂制度和精神，而提出了「攻」「戰」的治國政策訴求。以詩書是知識的主要來源，將助成人民談說的智慧動搖農戰或結黨營私，所以由非詩書而斥「五民」，減少私議以穩定農戰的推行。而仁義治民他認爲是「暴之道」，在人性本體不存在仁心以及歷史演進不復的觀念基礎上，於是忽略了仁治並崇尙法治。他又認爲孝弟諸德有以私害公的可能，爲避免私親關係掩過飾非，以孝弟等倫理道德爲蝨，試圖建立告姦和連坐制度的合理性，來維護法治運作的現象。至於以非兵、羞戰爲蝨，則在強化重戰的思想。

　　以上《商君書》六蝨說的重要理念，一是穩定農戰和崇尙法制的政策，二是營造儒家詩書禮樂仁義等思維與法治、農戰的衝突和不相容。　由商鞅對於儒學的評論，可推知其起初以帝道王道遊說秦孝公只是浮詞議說罷了，並

〔註117〕參見陳啓天《商鞅評傳》，頁128。台灣商務印書館，民國75年出版。
〔註118〕同註7，頁65。
〔註119〕參見孫楷撰、徐復訂補《秦會要訂補》卷十八〈上首功〉，頁297。北京中華書局1959年出版。
〔註120〕劉向集錄《戰國策》上冊，頁216。里仁書局，民國79年出版。

非對儒學有卓見，行王道亦非其所欲爲，司馬遷即說：

> 跡其欲干孝公以帝王術，挾其浮說，非其質矣。（《史記・商君列傳・
> 太史公曰》）〔註121〕

《商君書》亦有言論說：

> 前世不同教，何古之法？帝王不相復，何禮之循？（〈更法篇〉）〔註
> 122〕

> 古有堯舜，當時而見稱；中世有湯武，在位而民服。此三王者，萬
> 世之所稱也。以爲聖王者也。然其道猶不能取用於後。（〈徠民篇〉）
> 〔註123〕

表達了不願蹈襲商湯文武遺教的心態。至於《史記・商君列傳》記載商鞅爲
秦孝公所用的始末中，商鞅曾說：「吾說君以帝王之道比三代，而君曰久遠，
吾不能待。且賢君者，各及其身顯名天下，安能邑邑待數十百年以成帝王乎？
故吾以強國之術說君，君大悅之耳，然亦難以比德於殷周矣。」〔註124〕其中
「難以比德於殷周」一語，可能對商鞅行彊國之術的本意產生誤導。有關「難
以比德於殷周」的解釋有釐清的必要：〔註125〕

1. 「殷」指嚴罰。殷有罰，《尚書》、《荀子》、《韓非子》、《禮記》
   皆有記載。所以比殷道，是刑欲極其峻。

2. 「周」指尚力。因湯武逆取天下，故比周道，是法其力征兼併。

事實上「難以比德於殷周」仍不脫嚴刑峻法與行武尚力的一貫彊國術。

基本上，從商鞅富國強兵的貢獻上，可看出商鞅獨特的智慧和勇氣。詩
書禮樂在春秋戰國時已是一普遍的人文化育意涵，《國語》《春秋左氏傳》等
書中都有時人肯定詩書禮樂政治和教化作用的言論記載。〔註126〕商鞅不同時

〔註121〕同註2，頁896。

〔註122〕同註7，頁3。

〔註123〕同註7，頁57。

〔註124〕同註2，頁892。

〔註125〕參見蔣禮鴻《商君書錐指》敘文。北京中華書局1986年出版。

〔註126〕《國語・楚語上》記載：「莊王使士亹傅太子箴，……問於申叔時，叔時曰：
『教之春秋，而爲之聳善而抑惡焉，以戒勸其心，……教之詩，而爲之導廣
顯德，以耀明其志；教之禮，使知上下之則；教之樂，以疏其穢而鎮其浮。……』」
（四部叢刊正編第十四冊，頁122，台灣商務印書館，民國68年出版。）《春
秋左氏傳・僖公二十七年》記載：「狐偃曰：『楚始得曹而新昏於衛，楚必救
之。則齊宋免矣？』於是乎蒐于被廬，作三軍，謀元帥。趙衰曰：『卻縠可，
臣亟聞其言矣。說禮樂而敦詩書。詩書，義之府也；禮樂，德之則也；德義，

代風氣，而提倡農戰厚植國力和尙法治國，尤其提出「六蝨説」完全摒除詩書禮樂，商鞅的獨創性和魄力不得不令人佩服。

　　若從商鞅六蝨説形成的「椎魯之風」來看，〔註127〕儘管在政治上有創造性的成果，至於其曲解或忽略歷史人文教化的價值，失去人文本源，建立的事功只是曇花一現，正如蘇軾所説的：「商君之法，使民務本力農，勇於公戰，怯於私鬥，食足兵強，以成帝業。然其民見刑而不見德，知利而不知義，卒以此亡。」〔註128〕成爲後代統治者的借鑑。

利之本也。……』君其試之。」（《春秋左傳正義》卷十六〈僖公二十七年〉，《十三經注疏》第六冊，頁267，藝文印書館，民國74年出版）。
〔註127〕唐慶增説：「借法令力量，以從事於愚民，主張不免過偏，……其結果足以絕民智，養成椎魯之風，此其流弊一。」參見唐慶增《中國經濟思想史》，頁279。
〔註128〕《蘇軾文集・進論・商君功罪》，頁102，岳麓書社，2000年出版。